JN193103

# 日本人の名前の歴史

奥富敬之

吉川弘文館

# 目　次

# はじめに—名乗りの分解—

平安時代最末期の源平合戦の頃、源家方の武士に、畠山重忠(はたけやましげただ)という人物がいた。非常な力持ちで、一ノ谷合戦のさいの鵯越(ひよどり)えでは、自分の乗馬を背にして断崖を降りたという。また性格が温容誠実だったことでも、よく知られている。弓の名人でもあったらしい。

この時期の合戦では、敵と戦うさいには、自分の名を名乗ることになっていた。畠山重忠の正式な名乗りを分解すると、次のようになる。

| (名字) | | | | |
|---|---|---|---|---|
| 地名 | 職名 | | 仮名 | 通字 |
| 畠山 | 荘司 | 平 | 次郎 | 重忠 |
| 荘名 | | 姓名 | | 実名 |

「畠山」も「畠山荘」も、もともとは地名だった。重忠の父重能(しげよし)が「畠山」の地を開発して、「畠山荘」という荘園を立荘したものらしい。今の埼玉県川本町畠山附近に比定される。

もともと秩父党という武士団の棟梁だった重能は、もとは秩父を名字にしていた。しかし畠山荘が成立すると、畠山を名字として名乗るようになっている。

重能からの二代、重忠、重保も、畠山荘を本拠にして、畠山を名字として名乗っている。だから畠山荘は、重能、重忠、重保三代にとっては、「名字ノ地」ということになる。

「名字ノ地」というのは、その名字が由来した地、あるいは、その名字のもとになった地とでもいう意味だった。しかし現実には、その名字を名乗っている人の本領、あるいは本貫地という意味に転じている。

だから中世の武士の名字を見れば、その人の本領がどこだったかも、すぐに判ることになる。

武士は自分の本領あるいは本拠を、他に移すこともある。すると当然のことながら、「名字ノ地」も他に移ったことになり、名字もかわることになる。

もともと武蔵国秩父郡（秩父市）を本領としていたとき、重能は秩父を名字にしていた。ところが畠山荘が完成すると、本拠を畠山荘に移したらしく、畠山を名字にしている。

このように同一人物であっても、名字は変わることもある。同様に親子兄弟であっても、それぞれの本領が別であれば、これまた名字も変わることになる。

（秩父→畠山）重能 ― （畠山）重忠 ― （畠山）重保
（小山田）有重 ― （小山田→稲毛）重成 ― （小沢）重政
（小山田）有重 ― （榛谷）重朝

重能の弟有重（ありしげ）の系統も、重能、重忠二代を棟梁とする秩父党に属していた。しかし惣領家の名字である秩父——畠山を、自分たちの名字として名乗ることはない。それぞれの本拠、つまり名字ノ地は、別の場所になっている。

重能の弟有重は、武蔵国小山田荘（おやまだのしょう）（町田市）を本領として、小山田有重と名乗った。その嫡男重成（しげなり）も、父から小山田荘を伝領して、最初のうちは小山田を名字にした。

しかし源頼朝の妻北条政子の妹と結婚し、源平合戦での軍功が行賞されて武蔵国稲毛荘（いなげ）（川崎市中原区）を拝領すると、本拠を小山田荘から稲毛荘に移し、名乗りも小山田重成から稲毛重成とかえている。重成も重能と同様に、一生の間に名字を小山田から稲毛へとかえたのである。

しかし重成の子重政は、これまた源平合戦で軍功を樹（た）てて武蔵国小沢郷（稲城市坂浜）を拝領して、小沢重政と名乗った。また重成の弟重朝も、武蔵国榛谷御厨（はんがやつ）（横浜市旭区、保土ヶ谷区）を拝領して、榛谷を名字にしている。

さて、「畠山荘司平次郎重忠」という名乗りに戻って、「荘司」というのは、荘園の現地を支配する役人という意味で、いわば職名である。

この種の例は、数が多い。渋谷荘司平重国は、相模国渋谷荘（藤沢市長後）の荘司だという意味だが、多くの場合、渋谷重国と呼ばれている。

新田氏の祖である新田義重（にったのよししげ）も、正式には新田荘司源義重である。これは上野国新田荘（新田町、太田市など）の荘司だというのである。

この職名の部分が、公的な官職名になることも多い。律令制的な官職を有していた場合である。糟谷権守盛久という人物もいた。相模国糟谷荘（伊勢原市上、下糟谷）の領主で、同時に相模国の国衙で権守という官職に任じられているという意味である。

ほぼ同様なのが、千葉介平常胤、三浦介平義澄である。ともに千葉常胤、三浦義澄と略称されているが、常胤は下総国千葉荘（千葉市）の領主で、同時に下総国の国司の次官である介でもあるということだし、義澄は相模国三浦荘（三浦市）の領主で、同時に相模国の介でもあるという意味である。

さて、また「畠山荘司平次郎重忠」に戻ると、「平」というのは姓名で、いわゆる源、平、藤（藤原）、橘の四主姓（種姓とも）のひとつである。橘は「吉」とも書くことがある。

いわゆる平氏には、どの天皇から分流したかということで、桓武平氏、仁明平氏、文徳平氏、光孝平氏の四流がある。重忠の場合は、桓武天皇系の平氏の末流になる。

いずれにしても注意すべきは、姓名と名字とは別だということである。重忠の場合、「平」が姓名で、「畠山」は名字である。

重忠は「次郎」と名乗っているが、これは嫡庶の順を示す仮名で、次男だということである。

ちなみに平安時代の『大鏡』という書に、

「この大臣（藤原時平）は基経のおとどの太郎なり」

という文がある。

太郎とか次郎とかいうのは、固有名詞ではなく、長男、次男などという嫡庶あるいは長幼の順序を示す数詞だったのである。

この種の言い方では、長男は太郎、次男は次郎、三男は三郎で、以下、四郎、五郎、六郎、七郎、八郎、九郎、十郎と続く。

それぞれ源平合戦前後の頃の武士の名を例に挙げると、八幡太郎義家、熊谷次郎直実（なおざね）、大庭（おおば）三郎景親、北条四郎時政、豊田五郎景俊、天野六郎政景、結城（ゆうき）七郎朝光、鎮西（ちんぜい）八郎為朝、九郎判官義経、小栗十郎重成などがある。

しかし十男を越えて、十一男を十一郎、十二男を十二郎などとはいわない。〝余（あま）り一〟とでもいうのか、十一男は余一郎、略して余一といい、十二男は余次郎あるいは余次といった。

この調子で、十三男は余三郎あるいは余三であり、以降、余四郎あるいは余四、余五郎あるいは余五、……と続く。

源平合戦の頃、石橋山合戦で戦死した佐奈田（さなだ）余一義忠、屋島ノ合戦で扇ノ的を射た那須（なす）余一宗隆がある。いずれも十一男だったのだろう。

将門ノ乱を鎮定した平貞盛の子で、鎮守府将軍にもなった平惟茂（これもち）は、余五ノ将軍と呼ばれた。十五男だったらしい。

なお余一あるいは余一郎、また余次あるいは余次郎は、しばしば与一あるいは与一郎、また与次あるいは与次郎などとも書かれる。しかし与一郎が、余太郎あるいは与太郎などと、呼ばれることはない。落語ではないのである。

この長幼の順序を示す仮名（けみょう）は、正式な名乗りにある真上（まうえ）の姓名と、リエゾンすることが多い。源太郎あるいは源太、平太郎あるいは平太、藤太郎あるいは藤太、橘太郎（吉太郎）あるいは橘太（吉太）である。また源次郎あるいは源次、平次郎あるいは平次、藤次郎あるいは藤次、橘次郎（吉次郎）あるいは橘次（吉次）である。

六波羅平氏政権を建てた清盛の若き日の名乗りが平太清盛、頼朝の長兄で剛勇無双の悪源太義平などは有名だが、大庭平太景能、堀藤次親家、梶原平三景時、笠原平五頼直、三浦平六義村、源九郎義経などの例がある。

この時注意すべきは、源三、平三、藤三、橘三（吉三）の読みである。すべて三郎サブローが詰まったものだから、ゲンザ、ヘイザ、トウザ、キチザと読むのであって、ゲンゾウ、ヘイゾウ、トウゾー、キチゾウではない。

戦国時代頃から、意味不明となって源蔵、平蔵、藤蔵、橘蔵（吉蔵）などと書いて、ゲンゾー、ヘイゾー、トウゾー、キチゾー（ヨシゾー）などと読むようになるが、古代、中世ではあり得ない読みである。

同様に古代・中世的な筆法で行くと、江戸時代の銭形平次は、銭形荘の領主で平氏の次男坊だったということになる。

なお太郎、次郎などという仮名は、前述したように兄弟の間での長幼の順序を示すものだった。これを二重にすると、父の兄弟の間での順序を示すことにもなる。

たとえば、「次郎三郎」である。父が祖父の次男で、その三男が自分だというのである。この調子でいけば、「太郎次郎」、「三郎四郎」などなど、いくらでもある。

筆者の場合でいうと、私の父は祖父の長男で、私自身は父の五男だから、太郎五郎ということになる。

父が祖父のx郎で、自分も同じx郎である場合、「x郎」という文字の上に、「又」とか「弥（いや）」とか「小（こ）」という文字をのせることがある。

鎌倉幕府の侍所の初代の別当だった和田義盛は、「小太郎」と名乗った。父杉本太郎義宗が三浦義明の長男で、義盛はその義宗の長男だったからである。

北条四郎時政の四男北条義時は、「小四郎」だった。時政自身が、四男だったからである。

女性の場合、長女は「大子（おういこ）」、次女は「中子（なかつこ）」、以下は「三子（みつこ）」「四子（よつこ）」と呼んだ。しかし一定の家格のある氏族では、特別な呼び方があったらしい。

藤原摂関家では、「一ノ姫」「二ノ姫」といったらしい。伊豆国の豪族伊東祐親の娘は、「一つ」「二つ」「三四」というように、『曽我物語』には見えている。

頼朝の長女は「大姫」で、次女は「乙姫」だった。それぞれ固有の実名ではなく、たんに長女、次女というだけのものだった。なお頼朝には、三女はいない。

さて、ここでまた「畠山荘司平次郎重忠」に戻る。「次郎」という仮名の次は、「重忠」である。これが、彼の実名である。しかし「重」という文字は、彼一人だけのものではない。彼の同族たちの間で共有される通字である。

八ページの系図にあるように、重忠の父、子、叔父、従兄弟たちは、重能、重保、有重、重成、重朝、そして重政と、みな「重」という文字が、それぞれの実名のうちにある。これが、通字である。「家伝の一字」、あるいは「一字」ともいう。

「一字」というが、清和源氏には二字あった。「頼」と「義」である。源家の系図を見ると、頼光、頼信、頼義、義家、義綱、義光、義親、為義、義朝、頼朝、義家等々、みな「頼」か「義」がある。

桓武平氏の通字は、「盛」である。正盛、忠盛、清盛、重盛、宗盛、維盛、資盛等々が、それである。

鎌倉幕府の北条氏の通字は、「時」だった。時政、宗時、義時、泰時、時氏、経時、時頼、時宗、貞時、高時、守時等々である。

のちの織田家の通字は「信」。信秀、信長、信忠、信孝、信雄等々がある。徳川家は「家」。家康、家光、家綱、家宣、家継、家重、家治、家斉、家定、家茂などがある。

ちょっと変わっているのが、足利家である。最初のうちは義康、義兼、義清、義純と、通字が源家特有の「義」だったのが、鎌倉時代の中頃から義氏、泰氏、長氏、頼氏、家氏、貞氏、高氏（尊氏）、基氏と「氏」に変わり、室町幕府の将軍家ということになると、義詮、義満、義持、義量、義教、義勝、義政、義尚、義視、義稙、義澄、義晴、義輝、義栄、義昭と、また「義」に戻っている。

# 姓名について

## 臣籍降下と賜姓

いささか極端なようだが、次代の皇位の継承者という点では、天皇の皇子は一人だけで足りる。

「天に、二つの日あるなし」

だからである。皇位を継承して次代の天皇になれるのは、とにかく一人だけである。

万一という事態を考慮に入れても、いわば予備的に第二皇子がいれば、それで充分だろう。

しかし現実は、そうはいかない。

総じて五十人もの皇子や皇女を儲けた嵯峨(さが)天皇や、皇子十七人、皇女十五人の父だった後醍醐(ごだいご)天皇などの例もある。他の天皇の場合でも、御子の人数が多いことが、多い。

いくら御子の人数が多くても、次代の天皇になれるのは、そのうちの一人だけである。当然、残りの御子たちは、不要ということになる。

その御子たちは、さらに多くの御子たちを生む。こうして天皇が代を重ねるにつれて、天皇一家の人数は増加する。その増加率は、まさに幾何級数的である。

しかし、いずれも天皇の血筋である。これを皇親と呼ぶが、その生活は天皇家の財政で支えねばならない。当然、天皇家の財政は、早かれ遅かれ、そのうちにパンクすることになる。

こうして、皇親の皇籍離脱（こうせきりだつ）、臣籍降下ということになる。天皇家の籍から抜いて、臣下の列に降すのである。当然のことながら、このようなことは、神代の頃から行なわれていた。

第十二代景行天皇の第二皇子の日本武尊（やまとたけるのみこと）は、きわめて有名である。第二皇子だったから、もちろん天皇にはならなかった。いわゆる不要な御子だったのである。

日本武尊には、六人の御子があった。そのうち一人は運がよく、やがて天皇になった、第十四代仲哀天皇である。

しかし残りの五人には、皇位は廻ってこなかった。いずれも皇籍離脱、臣籍降下したらしい。

皇親が皇籍離脱して、臣籍に降下するさいには、必ず賜姓が行なわれる。天皇から、姓名が与えられるのである。

ちなみに天皇から姓名を拝受するということには、政治的な意味がある。天皇を上位者であると認めて、忠誠を誓ったことになるのである。

だから天皇一家には、姓名はない。もし天皇に姓名があったら、

「誰から拝受したのだ？」

ということで、天皇より上位の者が存在することを、認めてしまうことになる。とにかく日本国内では、天皇は最高の存在でなければならない。その証拠として、天皇は姓名を持たないのである。

同じ理由で皇親も、姓名を持ってはいない。だから皇籍を離脱して臣籍に降下するとなると、必然的に姓名が必要になる。そこで天皇から、賜姓してもらうのである。

前述したように、日本武尊の御子六人のうち、一人だけは皇位についた。だから姓名は、もと通りに持たなくてもよい。

しかし残り五人は皇籍を離脱して、臣籍に降下したのである。必然的に賜姓がなされた。そのうち四男の足鏡王が賜姓されたのが、「鎌倉之別(わけ)」だったと、『古事記』に記されている。「鎌倉」という地名が、史上に現れた最初である。

いずれにしても皇親の人数が膨れ上がったら、天皇家の財政は破綻してしまう。どうしても適当な時期に、臣籍降下させなければならない。

ちなみに天皇の皇子である親王世代を一代目とし、孫王世代を二代目とし、以降、三代目、四代目、五代目と続くが、皇親のうちに入れるか入れないか、その線をどこにひくかが、問題である。

前述の例では、一代目である日本武尊は、もちろん皇親だった。しかし二代目にあたる孫王たちは、臣籍降下している。神代の頃の臣籍降下は、かなり早期だったらしい。

ところが律令制度での皇親の幅は、かなり広かった。五代目までが、皇親だったのである。大宝元年（七〇一）に制定された『大宝令』のうちの「継嗣令（けいしりょう）」で、このことが法的に規定されていた。

天皇の兄弟姉妹と皇子、皇女は、親王あるいは内親王だった。五代目までは王号あるいは女王号が許されて、皇親とされている。臣籍降下するのは、六代目ということになる。

この時期の天皇家の財政情況が、かなり潤沢だったということだろう。

そして和銅三年（七一〇）三月十日、都が奈良に移った。奈良時代の開始である。計画道路が碁盤の目のように整然と造られ、天皇の大内裏や貴族たちの邸閣も、壮大に建てられた上での遷都だった。と、これと相前後する頃から、情況が厳しくなる。臣籍降下する世代が、しだいに早くなる傾向が窺われるのである。

最初の例は、奈良遷都の直前に見られた。和銅元年十一月二十五日、第三十代敏達（びたつ）天皇（在位五七二―八五）の五世の末である葛城（かつらぎ）王が、「橘（たちばな）」という姓を賜って臣籍降下して、橘諸兄（もろえ）と名乗ったのである。

「源・平・藤（藤原）・橘」の四氏姓を、後世に四主姓と呼ぶことになる。そのうちの「橘」姓が、ここに成立したのである。

ちなみに四主姓のうち、もっとも早く成立したのは、藤原氏だった。大化改新の功臣中臣（なかとみ）鎌足が、天智天皇八年（六六九）十月十五日、「藤原」姓を賜与されたのである。

なお和銅元年の橘氏の成立には、他にも注目すべきことがあった。「継嗣令」ではまだ皇親と認められている五代目で、臣籍降下が行なわれたということである。

敏達天皇—難波親王（一代目）—大俣王（二代目）—栗隈王（三代目）—美努王（四代目）—葛城王（五代目）（橘諸兄）—奈良麻呂（橘）……

奈良時代中葉の天平勝宝四年（七五二）の臣籍降下は、さらに注目される。二代目での臣籍降下だったのである。

第四十代天武天皇（在位六七三—八六）の孫王智努（ちぬ）王が、「文室（ふんや）」と賜姓されて文室浄三（きよみ）と名乗って、臣籍降下している。

しかしまだ、臣籍降下する世代に関する一定の基準は、まったくなかったらしい。同じ天武天皇の系統の皇親たちを見ても、臣籍降下した世代はバラバラだったことが、よく判る。

天武天皇
- 草壁親王
- 大津親王—粟津王—豊原公連
- 長親王
  - 栗栖王—長田王—浄原王—真世王
  - 文室浄三—大原王—文室綿麿
- 舎人親王—御原王
  - 和気王（岡姓）
  - 細川王（岡姓）

─小倉王─清原夏野
守部王─猪名王─乙村王─清原峯成
新田部親王─塩焼王─志計志麿
高市親王─長屋王─桑田王─磯部王─石見王─高階峯緒
忍壁親王

大津親王の系統は三代目（豊原公連）で臣籍降下しているが、長親王の長男栗栖（くるす）王の系統では、五代目でも皇籍に残っている。

ユニークなのは、長親王の次男の系統である。二代目で臣籍降下して文室浄三と名乗ったが、その子は大原王と名乗っているから、また皇籍に戻って王号が許されたらしい。しかし四代目になって、再度の臣籍降下をして文室綿麿（わたまろ）と名乗っている。

舎人（とねり）親王の系統も、注目される。天平勝宝七年（七五五）六月二十四日、三代目の和気王、細川王の兄弟が同時に臣籍降下したが、賜姓されたのは、兄弟とも同一の「岡」姓だった。

しかし「岡」兄弟の弟の小倉王と守部王とは、そのまま皇籍に留まっていた。小倉王の系統の臣籍降下は四代目、守部王系のは六代目で、賜姓されたのは、ともに「清原」姓だった。

そして新田部親王系の臣籍降下は、三代目志計志麿（しけしまろ）だった。高市（たけち）親王系では六代目だった。

以上のようなことから、奈良時代における皇親の臣籍降下の特徴を、次のように総括することができるかも知れない。

一、臣籍降下した世代には、二代目、三代目、四代目などもあって一定してはいなかったが、一代目である親王世代での臣籍降下は、まだ見られない。

二、わずか一例ではあるが、臣籍降下した者の子が、また皇籍に戻り、その子の代になって、再度の臣籍降下をしたことがある。

三、賜姓された姓には、豊原、文室、岡、清原、高階（たかしな）などがあり、その間に一定の基準はなかったらしい。

四、しかし和気王、細川王の兄弟が同一の「岡」を賜姓されたり、小倉王の子と守部王の曽孫とが、同一の「清原」を賜姓されているように、一人一人別々の姓が賜姓されるという原則は、すでになくなっていたらしい。

## 嵯峨源氏の成立

「あおによし奈良の都」と詠（うた）われたが、実際には奈良時代も、かなり厳しかった。とくに律令制度が貫徹しなくなったことは、大きかった。

各地に荘園という私領が簇出（そうしゅつ）し、その分だけ公地（皇地）が減少した。少なくなった公地の上に成り立っていた租庸調という税制も、しだいに機能しなくなってきた。

簡単にいえば、天皇家の収入が、大幅に減少したということである。

そして、これと相前後して、支出が大幅に増大した。

まず奈良時代中葉の聖武天皇が、大土木工事を大掛かりに行なった。奈良に東大寺を建立して大仏を付属させ、全国に国分寺と国分尼寺とを、国ごとに建てさせたのである。きわめて大きな出費だった。

そして奈良末期から平安初期にまたがる桓武天皇が、またまた大きな出費をした。まず長岡京を造営して遷都したが、すぐに京都に都造りを行なって、再度の遷都をしたことは、とにかく大きな出費だった。さらに相次いで敢行された蝦夷征討は、これに拍車をかけた。

とにかく収入が減少して、しかも支出が増大したのである。当然の結果が、やがて到来した。

天皇家の財政は枯渇して、きわめて多人数になっていた皇親を、ついに養ってはいけなくなったのである。

そして奈良時代も押し詰まった延暦六年（七八七）二月五日、第五十代桓武天皇は、重大な決意を実行に移した。

異母弟の諸勝親王を臣籍降下させて、広根諸勝と名乗らせただけではなかった。自分自身の皇子である岡成親王にまで「長岡」を賜姓して、臣籍降下させたのである。

いずれも天皇の皇子だったから、一代目での臣籍降下ということになる。管見の限りでは、天皇家の歴史始まって以来、とにかく最初のことだった。天皇家の財政情況は、ここまで追い詰められていたのである。

そして平安遷都直後の延暦十七年（七九八）閏五月二十三日、律令の「継嗣令」が改正された。

五世ノ王、王号を得るといえども、皇親の限りにあらず。

五代目が王号を名乗るのはよいが、皇親としての特権的な待遇は与えないというのである。平たくいえば、

「五代目からは、喰わせてはやらない。以降は、自分で喰っていけ」

ということである。

延暦六年に実施したことの方が、同十七年の法改正より先行したかたちだった。しかしまだ、すくなくとも法的には、四代目までは皇親として、認められていることになる。

そして延暦二十四年二月十五日、また臣籍降下があった。しかし通常の臣籍降下とは、まったく違っていた。なんと一〇二人もの大量の皇親が、一挙に臣籍降下したのである。

賜姓された姓名も、十五種もあった。同一の姓を共有するものも、多かったことになる。

多王　登美王ら十七人　三園(みその)

吉並王ら十七人　近江

駿河王　広益王ら十六人　清海（きよみ）
池原王　嶋原王ら二人　志賀
貞原王　真貞王ら二人　浄額（きよだか）
坂野王　石野王ら十六人　清岳（きよおか）
篠井王　坂合王ら五人　浄原（きよはら）
十二月王　小十二月王ら三人　室原
永世王　末成王　末継王ら　春原
田辺王　高槻王ら　美海（みうみ）
船木王　長井
岡山女王　広岡女王ら四人　岡原
広永王　益永王ら四人　豊岑（とよみね）
田村王　小田村王ら八人　長谷
八上王　八嶋王　山科

それにしても、一挙に一〇二人の臣籍降下である。これを必要としたほどの財政逼迫だったのかと思われるが、反面では天皇家の財政情況は、この処置で少しは好転したかとも考えられるが、事実は違っていたらしい。

皇親の臣籍降下は、以降も続々と行なわれる。天皇家の財政は、まだまだ逼迫していたのである。

そして弘仁五年（八一四）五月八日、第五十二代嵯峨天皇は、父帝桓武天皇のとった放漫財政の尻拭いに着手した。四人の皇子と四人の皇女とを、まず臣籍降下させたのである。皇親の臣籍降下としては、まだ珍しい一代目（親王世代）での臣籍降下だった。

その人たちの名は、次のようである。

皇子は、信（まこと）、弘、常（ときわ）、明

皇女は、貞姫、潔姫、全（うつ）姫、善姫

これから以降、嵯峨天皇の御子たちが、つぎつぎに臣籍降下した。すべてで、二十四人だった。

十三人の皇子

寛、定、鎮、生、澄、安、清、融、勤、勝、啓、賢、継

十一人の皇女

更姫、若姫、神姫、盈姫、声姫、容姫、端姫、吾姫、密姫、良姫、年姫

最初の八人と合わせると、合計で三十二人になる。このほかにも最後まで臣籍降下しなかった御子が、親王で六人、内親王で十二人もあった。嵯峨天皇の御子は、総計で五十人だったことになる。

それにしても現天皇の御子たちが、親王世代（一代目）で、三十二人という大量な人数で、一挙に臣籍降下したというのは、まさに先例のないことだった。

これよりさき、桓武天皇が異母弟と皇子とを一人ずつ、臣籍降下させた例はある。いずれも親王世代だったが、現天皇の御子ということでは、わずか一人だった。

また一〇二人という大量な人数が、一挙に臣籍降下したという例はある。しかし世代の面では、すべて一代目（親王世代）ではなかった。

このように見ると、嵯峨天皇が御子たち三十二人を臣籍降下させたということは、まさに画期的なことだったのである。

さらに注目すべきことが、この臣籍降下にはあった。三十二人に賜姓された姓名が、みな同一の「源」だったのである。

同時に臣籍降下した皇親が、同一の姓名を賜与されたという例は、必ずしも皆無だったわけではない。和気王、細川王の兄弟が、同一の「岡」姓を賜与されて臣籍降下したことは、先述してある。しかし「岡」賜姓は、わずか二人だった。いま「源」姓を賜与されたのは、三十二人もの大人数だった。

後述するように、以降、源姓賜与は続々と行なわれて、ついには二十一流の源氏が成立することになる。嵯峨天皇が御子三十二人に源姓賜与を行なったのは、その最初だった。そのような面から見ても、これは画期的なことだった。

ちなみに中国魏王朝の歴史を記した『魏書』の「源賀伝」という項に、次のような挿話が見られる。

魏王朝の世祖が、同族河西王の子の賀を臣籍降下させて、西平侯龍驤将軍に任じたときである。

「卿と朕とは、源を同じうす。事に因りて、姓を分かつ。今より『源』を、氏とすべし」

として、賀に「源」姓を賜与したという。

ところで嵯峨天皇は、弘法大師空海、橘逸勢とともに、三筆と謳われた能書家だった。当然、中国の古典にも通暁しており、もちろん、『魏書』も読んでいたに違いない。

だから三十二人の御子たちに「源」姓を賜与したとき、『魏書』に記されていた故事も、もちろん念頭にあったに違いない。しかし「源」姓を考え付いたとき、『魏書』のみに依っていたわけではなかったのではないか。

はるか下って江戸時代、谷川士清は自著『和訓栞』で、

「みなもと、『源』をよめり。〝水元〟の義なり」

とし、また玉木正英も『神代巻藻塩草』で、

「『源』ノ訓みは、〝水元〟なり」

としている。

「源」の意味は、「水元」、つまり〝水源〟なのである。最初は小さい細流であるが、しだいに水量を増して川になり、ついには滔々たる大河になる。

このような語源、語義も、嵯峨天皇は念頭に置いていたのではないか。だから「源」姓を三十二人

の御子たちに賜与したとき、

〝汝等は皇系なり。訳あって臣籍に下すも、のちのち大河のように繁栄して、もって天皇家の藩(はん)屏(ぺい)たるべし〟

という親としての願いも、「源」という文字に籠(こ)めていただろう。

このとき臣籍降下した三十二人が、すべて一字名前だったのも、やはり注目される。『魏書』での源賀が、また一字名前だった。のちのと源賀のことが、先例になったらしい。後世になっても、三十二人の末裔たちは、つねに一字名前であり続ける。

## 桓武平氏の成立

嵯峨天皇が「源」姓を賜与したということは、その後、通例となった。続く歴代の天皇たちが皇親を臣籍降下させたとき、賜与される姓名の多くが、「源」姓だったのである。

このような場合、どの天皇から分流したかということで、〝――源氏〟と呼ぶことになった。系図を遡(さかのぼ)っていって、最初に突きあたった天皇の名を、頭に冠するのである。

このような源氏は、すべてで二十一流ある。いま順に列挙すると、次のようである。右肩の数字は、歴代の代数である。

嵯峨源氏（五二）　仁明源氏（五四）　文徳源氏（五五）　清和源氏（五六）　陽成源氏（五七）　光孝源氏（五八）　宇多源氏（五九）　醍醐源氏（六〇）　村上源氏（六二）　冷泉源氏（六三）　花山源氏（六五）　三条源氏（六七）　後三条源氏（七一）　後白河源氏（七七）　順徳源氏（八四）　後嵯峨源氏（八八）　後深草源氏（八九）　亀山源氏（九十）　後二条源氏（九四）　後醍醐源氏（九六）　正親町源氏（一〇六）

源氏といえば、これに併称されるのが、平氏である。これには、四流がある。

桓武平氏（五〇）　仁明平氏（五四）　文徳平氏（五五）　光孝平氏（五八）

「源」姓賜与の二十一流に比して、「平」姓賜与の四流は、いかにも少ない。しかも「平」姓賜与の初例である桓武平氏には、いろいろと問題がある。

桓武―葛原親王―┬高見王―高望王（平高望）―┬国香―貞盛
　　　　　　　　│　　　　　　　　　　　　　├良兼
　　　　　　　　│　　　　　　　　　　　　　├良将―将門
　　　　　　　　│　　　　　　　　　　　　　└良文
　　　　　　　　└高棟王（平高棟）―惟範（平）

『続群書類従』遊戯部所収の「平家勘文録」に、次のような記述がある。

寛仁元年（一〇一七）十二月十三日、民部卿の宗章が、天皇に対して謀叛を図った。これを知った高望王は、すぐに宗章を追討した。直後の同二年五月十二日、行賞されることになった高望王は、上総守に任じられて臣籍降下した。「平」姓を賜与されたのは、「朝敵をたいらぐる故」だった。

きわめて面白いが、同時に、きわめて信じにくい内容である。まず〝民部卿の宗章〟という人物は、史上に実在しない。当然、〝宗章の謀叛〟ということもあり得ず、さらには〝高望王の宗章追討〟ということも、なかったはずである。

高望王の孫にあたる平貞盛と平将門とが戦ったのが、天慶二年（九三九）ノ乱である。高望王が臣籍降下したという寛仁二年（一〇一八）よりも以前に、すでに孫二人が平姓を名乗っているというのは、いかにも不自然である。

高望王が臣籍降下したという「寛仁二年」は、もしかしたら〝寛平二年（八九〇）〟の誤写かも知れない。

このように見てくれば、「平家勘文録」の内容は、まったく信じられないことになる。しかし桓武平氏の成立ということになる高望王の臣籍降下が、軍功に対する褒賞としてのものであって、〝自分で喰っていけ〟という多くの源氏のようなものではなかったと主張している点は、注目してもよいかも知れない。

なお『尊卑分脈』の高望王の項には、次のような記述がある。

叙爵の後、平朝臣を賜わる

上総介　従五位下

上総国は常陸、上野両国とともに親王任国で、親王が国司に就任することになっていたから、高望王が「平」姓を賜与されて臣籍降下して、上総介に任じられたというのは、いかにもあり得ることである。しかし『尊卑分脈』には、その時期については記されていない。

この前後の時期における正史は、『日本紀略』である。それには、注目すべき記事が見られる。天長二年(八二五)三月十四日、桓武天皇の五男だった葛原親王は、異母兄にあたる第五十三代淳和天皇に、次のように願い出た。

「臣の男女の子、いちに皆、『平』姓を賜わりたし」

自分の御子たちを、「平」姓賜与の上で臣籍降下させてくれと、天皇の許可を求めたのである。しかし天皇は、これを却下した。

直後の同年七月六日、またも葛原親王は、ほぼ同じことを違う表現で願い出た。

「わが子息を割愛して、王号を捨てんことを願う」

「王号を捨てる」というのは、まさに臣籍降下のことである。前回の願い出は「男女の子」だったが、今度のは「子息」だけだった。そのためだったのか、今度は勅許された。

こうして臣籍降下することになったのは、葛原親王の「子息」である。つまり高見王、高棟王のいずれか、ということになる。

しかし、長男の高見王ではなかった。以降も高見王は王号を称し続けていた上に、その子高望王までも、王号を称していたからである。

そして葛原親王には、「子息」は二人しかいない。当然、このとき臣籍降下したのは、高棟王だったことになる。

このことは、他の史料によっても、裏付けられる。しかし臣籍降下した時期は、史料によって差がある。

前述した『日本紀略』では、天長二年（八二五）七月六日である。そして『尊卑分脈』の高棟王の項では、承和十年（八四三）閏七月という。なお承和十年には、閏月はない。

そして『公卿補任』の承和十年の項では、高棟王が臣籍降下した時期を、天長二年閏七月二日としている。

以上のように高棟王が臣籍降下した時期については、三説あることになる。まとめてみると、次のようになる。

『日本紀略』説……天長二年七月六日
『尊卑分脈』説……承和十年閏七月
『公卿補任』説……天長二年閏七月二日

このうち『尊卑分脈』説は、承和十年には閏月はないのだから、信憑性は低い。しかし「閏七月」とあることは、気になる。『公卿補任』説の「閏七月」とあるのと、閏月であることで一致するからである。

このように見てくると、つぎのような仮説が考えられる。天長二年七月六日に天皇に願い出て、直後の同年閏七月二日に、臣籍降下が実施されたと、見るのである。

このように「平」姓賜与の初例については、「平家勘文録」『日本紀略』『尊卑分脈』『公卿補任』など、きわめて異説がある。

しかし、ほぼすべてに共通する部分もある。〝自分で喰っていけ〟という嵯峨源氏型の臣籍降下ではなかったという点である。

前述したように「平家勘文録」では、大功を行賞されての臣籍降下だった。『日本紀略』では、二度も自己申告した上での臣籍降下だった。

そして『尊卑分脈』での臣籍降下は、次のようなものだった。

承和十年閏七月

父の親王、頻(しき)りに表を抗して

平朝臣の姓を賜わり、左京に貫す

また『公卿補任』には、次のように記されている。

天長二年九月二十二日　大学頭

同二年閏七月二日

父の親王、頻りに表を抗して
平朝臣の姓を賜わり
左京二条二坊に貫す

『日本紀略』『尊卑分脈』『公卿補任』の三書は、「平」姓賜与の初例である高棟王の臣籍降下は、父の葛原親王が自分から頻りに願い出た上でのこととする点で、一致している。

この点にこそ、「源」姓賜与の初例である嵯峨源氏と桓武平氏との違いがある。〝自分で喰っていけ〟ということで臣籍降下させられたのが、嵯峨源氏だった。これに対して桓武平氏の成立は、自分から願い出た上での臣籍降下だったのである。

いずれにしても、「源」姓賜与の初例である嵯峨源氏の成立は、弘仁五年（八一四）五月八日だった。そして「平」姓賜与の初例は、天長二年（八二五）閏七月二日だったらしい。「源」姓成立の方が、「平」姓成立よりも、やや早かったことになる。

しかし、やがて源平合戦を戦う源平両氏は、ともに先述のものではない。源平合戦を戦う源氏は清和源氏で、成立したのは天徳四年（九六〇）六月十五日だったらしい。そして源平合戦の一方の大族である桓武平氏は、高棟王の兄高見王の系統で、その一子高望王が臣籍降下したのは、寛平二年（八九〇）のことだったようである。

源平合戦の両当事者ということでは、平氏の方が早く成立したことになる。

## 「源」か、「平」か

先述したように「源」姓というのは、『魏書』の「源賀伝」に由来したらしい。それでは「平」姓は、どうだったのだろうか。

これまた先述したように、「平家勘文録」には、「朝敵をたいらぐる故」に「平」姓が選ばれたとある。しかし「平家勘文録」という史料自体が、あまり信憑性は高くはない。

そのほかの史料で「平」姓の由来を述べたものは、まだ管見には入っていない。

昭和に入って『姓氏家系大辞典』を著した太田亮氏は、次のように考えられた。

> 其の名称は、平安京（京都市）の本訓タヒラより起る。蓋し桓武帝　此の都を建てられしにより、其の子孫、此の氏を賜ひしならん。

昭和五十三年に刊行された『日本史小百科七　家系』で、同じようなことを、豊田武氏も書いている。

> 平の姓のはじまりについては、あまり明確でないが、桓武天皇が平安京の創始者であることから、平安の本訓タイラの語をとって、天皇の子孫の姓として与えたのであろうといわれている。

豊田氏が太田氏説を下敷きにしていることは、まさに明らかである。「平」姓は平安京にちなんだもので、平安遷都を行なった桓武天皇とその系統の天皇とから分流した者が、「平」姓を賜与されたのだと、いうのである。

これが、一般に信じられている説である。しかし、これはおかしい。〝桓武天皇とその系統の天皇〟といえば、第五十代桓武天皇から以降の天皇は、すべて該当する。桓武、仁明、文徳、光孝の四天皇だけではない。それにもかかわらず、平氏はこの四天皇の系統からしか成立してはいないのである。

もっとおかしいのは、「平」姓四流のうち、桓武天皇をのぞく仁明、文徳、光孝の三天皇からは、「平」姓だけではなく、「源」姓も成立しているのである。

このようなことから、二者択一というようなことも、しばしば考えられてきた。臣籍降下することになった当の本人が、源平両姓のうち、どちらか一方を自主選択したのだろうと、漠然と考えられてきたのである。

ところが平成三年、源平両姓を区分する明確な基準があったと指摘されたのが、国学院大学の林陸朗氏である。「桓武平氏の誕生」（『日本中世政治社会の研究』所収）において、とくに仁明、文徳、光孝三流の分流時期について、次のように主張されたのである。

この項には一世（親王代）、二世（孫王）の賜姓は源朝臣、三世王の賜姓の場合は平朝臣という区別があったように思われるのである。

林氏の学説を実際に検証してみると、ほとんどすべてが、林氏の御指摘の通りだった。しかし、きわめて僅かではあるが、林氏説の通りではないものも発見された。

第五十代桓武天皇には、九人の皇子がある。そのうち三人は、皇位についた。第五十一代平城天皇、第五十二代嵯峨天皇、そして第五十三代淳和天皇である。

残り六人の親王のうち三人の系統は、すべて平姓賜与だった。そして二親王の系統は、史料が欠けていて不明だった。しかし一人だけ、明確に林氏説に合致しなかった。延暦二十一年（八〇二）十二月二十七日に臣籍降下した皇子は、「良岑（良峰）」姓を賜与されて、良岑安世と名乗ったのである。

第五十四代仁明天皇と第五十五代文徳天皇との系統は、正しく林氏説に合致する。それぞれ親王世代と孫王世代での臣籍降下では「源」姓が賜与され、三代目には「平」姓だったのである。

第五十八代光孝天皇の系統についても、林氏説はほぼすべて合致する。しかし例外があった。林氏説では「平」姓賜与であるべき三代目の室明王が、「源」姓賜与だったのである。

他にも類例はあった。第六十七代三条天皇の三代目の通季王、第八十四代順徳天皇の三代目の忠房王と善成王などが、「源」姓賜与であった。ただ忠房王と善成王の臣籍降下は、かなり下った鎌倉時代でのことである。

以上のように検証してみると、林氏説は原則的には承認できるが、例外がないわけではないということになる。

このようなことから、さらに次のように考えるというのは、いかがなものだろうか。

弘仁五年（八一四）に嵯峨源氏が成立してから以後、これが先例となって、「源」姓賜与が通例となった。ところが天長二年（八二五）、桓武天皇の孫王の高棟王が、臣籍降下にさいして、「平」姓が賜与された。もちろん平安遷都にちなんでの「平」姓だった。

平安遷都の感激や興奮が、まだ覚（さ）めやらぬ時期である。とたんに桓武天皇系の孫王、曽孫王が、「平」姓を賜与された。続いて仁明、文徳両皇系の曽孫王の世代にまで、「平」姓賜与が及んだ。

ところが光孝系の曽孫王が臣籍降下した頃には、そろそろ平安遷都の興奮は覚めてきていた。まだ一部には「平」姓賜与もあったが、反面では「源」姓賜与も復活しつつあり、より以降は、ついに「平」姓賜与は見られなくなる。

つまり「平」姓賜与というのは、平安遷都からくる興奮があった時期だけのことで、いわば一過性の変則だったことになる。その興奮があった時期というのは、平姓賜与の初例である高棟王が臣籍降下した天長二年（八二五）から、仁和二年（八八六）頃までということになる。平安遷都から約一世紀の間であった。

## 源平藤橋の成立

もともと姓名というのは、古代における「姓（かばね）」に由来する。それぞれの氏（うじ）集団の棟梁である氏上（うじのかみ）に対する尊称だったらしい。

それが大和朝廷による天下統一が完成すると、朝廷での序列を示す爵位のような意味に、転化したようである。例示すると、次のようである。

公（君）　別　臣　連　直　造　首　彦　史　日佐　国造　県主　稲置　村主

きわめて種類が多かったので、『日本書紀』などでは、「百姓」と総称されている。まだ農民という意味ではない。

そして氏集団の名が、氏名である。もともと姓名とは、別のものだった。

数多い古代の氏名を、豊田武氏は『日本史小百科七　家系』で、次のように二種に区分されている。

### (1) 地名に由来する氏名

飛鳥（大和国飛鳥――奈良県明日香村）
春日（大和国春日――奈良県大宇陀町春日）
葛城（大和国葛城――奈良県新庄町葛木）
巨勢（大和国巨勢――奈良県御所市古瀬）
磯城（大和国磯城――奈良県大和郡山市椎木町）
蘇我（大和国蘇我――奈良県橿原市曽我町）
和爾（大和国和爾――奈良県天理市和爾町）

依網（摂津国依羅――大阪府松原市）
尾張（尾張国――愛知県）
紀（紀伊国――和歌山県）

以上のうち多くは地方の行政官だったらしく、帯していた姓名も、国造、県主、稲置、村主などだった。しかし大化改新で倒された蘇我氏のように、大臣というような高位の姓名を持つ者もあった。なお大和朝廷は大陸からの帰化人を多く受け入れているが、これらには母国の国名などを氏名とすることが多い。秦、高麗（狛）、百済、呉、漢などが、それである。

## (2) 職業、技術などに由来する氏名

大和朝廷に結集していた各氏は、それぞれ一定の職能を担当していた。蘇我（財政と外交）、中臣、忌部（神道）、大伴、物部、久米（軍事）、三輪（神楽と巫医）などが、それである。

このようなことから、その職能あるいは技術を、そのまま氏名とすることが多かった。

水取、掃部、膳、服部、衣縫、土師、弓削、玉造、赤染、漆部、犬飼、鳥養、錦織、卜部

以上のように、氏名と姓名とは、まったく別のものだった。しかし氏の棟梁である氏上は、「氏名＋姓名＋実名」の順で名乗ることが多かった。

たとえば「蘇我大臣馬子」というのは、「蘇我」が氏名、「大臣」が姓名、そして「馬子」というのが、個人としての実名である。

また「大伴連金村（おおとものむらじかなむら）」では、「大伴」が氏名、「連」が姓名、そして「金村」が実名である。ちなみに蘇我氏三代が、馬子―蝦夷（えみし）―入鹿（いるか）というように、動物の名を実名にする系統も、案外に多かったようである。

いずれにしても姓名は、まさに「百姓」といわれたように、きわめて種類は多かった。これを八種類にまとめようとしたのが、大化改新、壬申ノ乱を経た後の第四十代天武天皇だった。

治世の第十三年（六八四）十月、「八色（やくさ）ノ姓」の制を発して、真人（まひと）、朝臣（あそみ）、宿禰（すくね）、忌寸（いみき）、道師（みちのし）、臣（おみ）、連（むらじ）、稲置（いなぎ）の八種類としたのである。

しかし天武天皇が抱いていた企図は、すぐには成功しなかった。道師以下の四種は、実際には誰にも賜姓されなかった上に、旧来からの姓名（かばねめい）の呼称が禁止されなかったので、以降も一般には使われたからである。

それでも年代がたつにつれて、少しずつは効果が現れていった。蘇我・物部・忌部などの古くからの氏（うじ）が没落して氏姓制度が衰退し、かわって律令制度への傾向が、しだいに強くなっていったからである。

そして大宝元年（七〇一）に大宝律令が制定され、その翌年に実施に移されると、もはや古くからの姓（かばね）に、社会的、政治的な意味はなくなった。

同時に氏名（うじめい）と姓名（かばねめい）との区別も混乱するようになり、やがて氏名（うじめい）のことも、姓名（せいめい）と呼ぶようになった。

古くからの姓名(かばねめい)が使われなくなったので、氏名(うじめい)と姓名(せいめい(「しめい」とも))との区別がなくなったのである。

このような趨勢が行き着いた結果が、「四姓(しせい)」あるいは「四主姓」だった。いわゆる「源・平・藤・橘」である。

「四姓」という概念が成立した時期は、判然とはしない。

「四姓」という語の史料上の初見は、正治二年（一二〇〇）頃、非参議で従三位だった平基親が撰した「官職秘抄」らしい。

外記ノ史、四姓源・平藤・橘を任ぜず。

詔勅、奏文などの作製を担当する外記庁(げきちょう)の史生(ししょう)（分筆事務官僚）には、四姓の者は採用しないことになっているというのである。

なお外記庁の長官である大外記という職は、清原、中原両家出身の者に限るという原則は、すでに確立していた。この原則と関連して、「四姓」出身の者は外記庁の史生には採用しないことになったのだろう。

正治二年といえば、頼朝が死んだ翌年である。つまり源平合戦の頃までには、四姓という概念が成立していたことになる。

なお室町時代の文安元年（一四四四）に成立した『下学集(かがくしゅう)』に記されている文章は、後述するように、四姓という概念の成立情況を考えるさいに、一つのヒントになるかも知れない。

日本の四姓は、源・平・藤・橘、これなり。いま俗に四家の氏流をいうなり。

「日本の四姓は」という句は、当然ながら〝他国の四姓〟というものを、念頭に置いて書かれたに違いない。いいかえれば「日本の四姓は」、外国のそれの摸倣あるいは影響下に成立したということになる。

源平合戦の頃の〝他国〟あるいは〝外国〟である中国、朝鮮あるいは天竺（インド）ということである。

インドには、バラモン、クシャトリア、バイシャ、スードラという四種制（カースト）があり、これを「四姓」としたという。

インドの方式は、中国で大きく換骨奪胎された。まず六朝時代に、各郡ごとに名望家を「甲姓、乙姓、丙姓、丁姓」の四ランクに区分し、これを「四姓」と呼んだ。

この方式はさらに変質すると同時に、以降の各王朝でも「四姓ノ制」として行なわれた。次のようである。

〔後漢〕　樊（はん）　郭　陰　馬
〔呉〕　朱　張　顧　陸
〔晋〕　雷　蒋　穀　魯
〔後魏〕　盧　崔（さい）　鄭（てい）　王

〔唐〕　崔　盧　李　鄭

この影響を受けた朝鮮の高麗朝でも、すでに十世紀の中葉に、「四姓」の制を採用している。「柳・崔・金・李」の四氏である。また匈奴も二世紀の頃には、「呼衍、須卜、丘林、蘭」を「四姓」としていた。

このように東アジアの全域に、「四姓」という制度が、行なわれていたのである。当然のことながら、日本にも入ってきた。源平合戦の頃に、ついに「源平藤橘」として成立したのである。

しかし日本の「四姓」は、制度ではなかった。前述の『下学集』に、

俗に四家の氏流をいうなり

とある。日本では制度化されることはなく、「俗に」呼称されたのである。

なおインドの四種制は、厳格な序列のある階級制度だった。そして六朝時代の四姓は、文字通り「甲乙丙丁」の序列があった。他の「四姓」も、すべて順序が明示されている。最初の氏（うじ）が最高だったのである。

しかし日本の四姓では、源氏が最高というわけではない。序列や順序は、ないのである。ここに日本の独自性がある。

ちなみに小学館版の『日本国語大辞典』の「源平藤橘」の項を見ると、

日本史上、一族が繁栄した四氏の称

とある。

源氏、平氏そして藤原氏までは、たしかに「一族が繁栄した」といえるだろう。しかし橘氏は、「繁栄した」といえるだろうか。

日本で四姓が成立した源平合戦より以前に、橘氏出身で史上に有名なのは、たかだか諸兄（もろえ）、清蔭、長谷雄、逸勢（はやなり）、好古（よしふる）等ぐらいしかいない（源平合戦期より以降ならば、楠木正成、前田利家などがある）。橘氏については、「一族が繁栄した」とは、決していえるものではない。それなのに、何故、四姓のうちに算（かぞ）え入れられたのか。

同じような疑問を抱いたのは、江戸時代の本居宣長（もとおりのりなが）だった。その宣長は、その疑問に『玉勝間（たまかつま）』のなかで答えている。

> よに源平藤橘とならべて、四姓といふ。源平藤原は、中昔より誠に広き姓なれバ、さもいひつべきを、橘ハしも、かの三うじにくらぶれバ、こよなくせ（狭）ばきを、此のかぞへのうちに入れぬるハ、いかなるよしにかあらむ。
> おもふに、嵯峨天皇の御代に、皇后の御ゆかりに、尊みそめたりしならんにやあらむ。

「橘」姓を最初に賜与されたのは、県犬養氏（あがたいぬかい）の娘、三千代だった。

ちなみに県犬養氏は、文字通り天皇家の猟犬を飼育するのが本務だったが、いつの頃か宮城十二門のうちの犬養門の門衛をも、兼務したらしい。もともと天皇近侍氏族の一つだったわけである。

このようなことからか、壬申（六七二）ノ乱の後、第四十代天武天皇が即位すると、三千代は女官として、朝廷に出仕するようになった。

この間、第三十代敏達天皇の四代目の美努王に嫁して、葛城王、佐為王、牟漏女王の二男一女を生んだ。ところが第四十二代文武天皇の即位大一年（六九七）の頃、美努王と離別して藤原不比等と再婚し、大宝元年（七〇一）には安宿媛（あすかべひめ）を生んでいる。

そして和銅元年（七〇八）十一月二十五日、第四十三代元明天皇即位の大嘗祭の宴にさいして、天武、持統、文武三代の天皇に近侍した功によって、橘を浮かべた酒盃を賜わり、

「これをもって、汝の姓となせ」

ということで、「橘」姓を賜与された。

これが、「橘」姓賜与の初例である。女性が単独で賜姓されたという点でも、かなり珍しい。

以降、三千代は第四十四代元正天皇、第四十五代聖武天皇にも仕えたので、生涯に六人の天皇に近侍したことになる。天平五年（七三三）正月十一日に死んだときには、すでに正三位の身であったが、葬儀にさいして従一位を遺賜されており、のち正一位を追贈されている。

六代の天皇に仕えたことが認められたものではあるが、二度目の夫である藤原不比等の引級や、不比等との間に生まれた安宿媛が、聖武天皇と結婚して光明皇后となったことも、半面では大きかったと思われる。

なお三千代への「橘」姓賜与は、もともとは彼女一代かぎりのものだった。ところが天平八年（七三六）十一月十七日、彼女が前夫美努王との間に生んだ葛城王、佐為王の二人が、みずから願い出て臣籍降下したとき、かつて二人の母に賜与された「橘」姓が、二人に与えられて、葛城王は橘諸兄、佐為王は橘佐為と名乗っている。

こうして氏族としての橘氏が成立したが、諸兄の曽孫にあたる橘嘉智子は、嵯峨天皇の皇后となって檀林寺を創建して世に檀林皇后（だんりんこうごう）と称され、嵯峨天皇との間に生まれた正良親王が、やがて第五十四代仁明天皇になっている。

本居宣長が橘氏興隆の原因と考えたのが、この檀林皇后である。以上のような橘氏の成立情況から見れば、あまり正解とはいえないようである。

むしろ仁明天皇の治世だった承和七年（八四〇）十一月九日、橘氏の本宗を除く分家関係が、いっせいに「椿（つばき）」姓に改姓されたことに、注目すべきだろう。以降、橘氏は振るわなくなるのである。

なお古代史家の佐伯有清氏は、『国史大事典』の「四姓」の項で、次のように指摘しておられる。

> 四姓の呼称は、源清蔭、平伊望、藤原忠平、橘公頼が同時に台閣に列した延長五年（九二七）以降の朝廷における四氏の貴族としての伝統的な勢力の大きさにもとづいて、平安時代末期に成立したものであろう。

陽成源氏の清蔭、桓武平氏高棟系の伊望、藤原氏北家の忠平、諸兄系の橘公頼の四人がともに台閣にあったのは、延長五年（九二七）から天慶二年（九三九）までの十二年間だった。この体制が崩れたのは、天慶二年十一月十六日、平伊望が死んだからである。

佐伯氏の指摘が正しければ、源平藤橘を四姓とする風が成立したのは、将門ノ乱から源平合戦までの間ということになる。

## 賜姓、改姓、復姓、貶姓

「源」姓賜与の初例は弘仁五年（八一四）五月八日。第五十二代嵯峨天皇が、八人の御子たちを源氏としたのである。

そして「平」姓賜与の最初は天長二年（八二五）七月六日、第五十代桓武天皇の孫王の高棟王が、第五十三代淳和天皇から与えられたのである。

「藤原」姓が成立したのは天智天皇八年（六六九）十月十五日、病床にあった中臣鎌足が、大化改新以来の功によって賜姓されたのである。「藤原」というのは、鎌足邸のあった大和国高市郡（橿原市高殿町）の地名だった。

そして「橘」姓の初例は和銅元年（七〇八）十一月二十五日、県犬養三千代が永年の朝廷出仕の功によって、与えられたのだった。

通常では「源平藤橘」というが、初例成立の年代の順でいえば、「藤橘源平」でなければならない。いずれも天皇からの「賜姓」ということになっている。しかし厳密にいうと、「藤原」姓と「橘」姓とは、ややニュアンスが違う。「中臣」姓が「藤原」姓に、「県犬養」姓が「橘」姓に、それぞれ改姓したからである。

もともと姓名を賜与するということは、反面では姓名を取り上げる、または改姓させるということと、うらはらの関係にある。

そのような意味での改姓の例は、きわめて多い。古代では、読みは同じだが、文字が変わるというのが、よく見られる。

君子(きみこ)→吉美侯　高麗(こま)→狛　占部(うらべ)→卜部　丈部(はせつかべ)→長谷　多治比(たじひ)→丹墀　秦(はた)→波多　藤原部→久須波良部　上毛野→上野　大枝→大江

やや違う原理の改姓に、次のようなものがある。

白髪部→真髪部　石上(いそのかみ)→物部　大伴→伴　藤原→恵美(えみ)　大中臣→中臣　丈部(はせつかべ)→犬養
土師(はじ)→菅原　笛吹部→物部　物部→高原　服部→清原　錦宿→三善　伊(いん)→五百木
宇佐→和気　久米→村部　菅原→惟宗　久備→久米　酒部→鴨部　膳(かしわで)→高橋　小(お)
塞(さむ)→尾張　百済→多(さわ)　紀→越智(おち)　高階(たかしな)→高(こう)　卜部(うらべ)→吉田

全体の傾向として、大和朝廷で多く見られた古い氏族名が、しだいに消えていくようである。改姓後の姓名には、現代にも存在するものも散見される。

それにしても改姓が一方で進行しているとき、反面では復姓ということも、かなり多く見られる。右の諸例のうちにも、すでにいくつか例がある。

このような例は、鎌倉時代になっても、まだまだ見られる。建保四年（一二一六）六月十一日、鎌倉幕府の老臣広元は、次のような願い出を、京都朝廷に提出している。

正四位上陸奥守中原朝臣広元、謹しんで言上す。先例に準じて中原姓を改め、大江氏たることを、ことに天恩を蒙むらんと請う。

建保四年六月十一日　中原朝臣広元

大江惟光の子として生まれた広元は、中原広季の養子となって、中原姓を名乗っていた。それがいま大江姓に復姓することの許可を、京都朝廷に願い出たのである。かつて頼朝に招かれて幕府公文所の別当に就任したときは、大江広元ではなく、中原広元だったことになる。

広元の願い出は、直後の同七月一日（一説では同閏六月とも）に、許可されている。

以上のような改姓や復姓は、功を賞された上でのことだったり、あるいは自分から願い出た上でのことだった。このような場合には、「改姓」とか「復姓」とはいわない。広い意味での「賜姓」の扱いであった。

そして歴史上で「改姓」というのは、犯罪者に対する制裁措置の一種のことを指していた。そのような意味で、「奪姓」「除籍」あるいは「除名」ともいい、故意に〝醜姓を賜う（賜醜姓）〟などのような「貶姓」もあり、さらにときには個人名を変える「改名」という措置もあった。

宇佐八幡宮神託事件（弓削道鏡事件）のさいの神護景雲三年（七六九）九月、第四十八代称徳天皇の期待していた返事をしなかった和気清麻呂は、「和気」姓を「別部」姓へと「貶姓」され、「清麻呂」という実名を「穢麻呂」と「改名」させられた。

同時に姉の法均尼は還俗させられ、「広虫」という実名を「狭虫」と改名されている。

『類聚名物考』に、「罪人は姓名を変ず」とある。姓名に関する犯罪者に対する制裁措置には、三種類があったようである。

一は「和気」を「別部」としたたぐいの「改姓」である。

宝亀四年（七七三）七月、紀益人は「紀」姓を「田後部」姓に、延暦六年（七八七）九月、藤原湯守は「藤原」姓を「井出」姓に、そして貞観二年（八六〇）九月二日、中臣福成は「中臣」姓から「惟岳」姓に、それぞれ「改姓」させられている。

二は僧尼の場合で、法均尼が還俗させられて「別部」を姓とされ、「広虫」という実名を「狭虫」と改名されたたぐいである。

源平合戦が始まる直前の治承元年（一一七七）五月、後白河法皇の忌諱に触れた天台座主の明雲僧正は、還俗させられて「藤井松枝」と「改姓」と「改名」とが行なわれた。

三は皇親の場合で、もともとから姓名を持たなかったので、無理にも「賜姓」するのである。治承四年五月、平氏打倒の陰謀を図った後白河法皇の皇子以仁王（もちひと）が、「源」姓を賜与された上に、「以光（もちみつ）」と改名されて、源以光と呼ばれた例がある。いわゆる後白河源氏の成立である。

以上のように天皇には、もともと賜姓、改姓、復姓、貶姓など、姓名に関する権限があった。そのような意味で、後述予定の私称である「苗字（名字）」に対比して、「姓名」を公称あるいは皇称と呼ぶことができるかも知れない。

鎌倉幕府の執権だった北条氏は、公的（皇的）な書類では、つねに「平」と自署し、私的な名字である「北条」とは書かなかった。はるかに下って織田信長も、天文十八年（一五四九）十一月には、「藤原信長」と名乗っている。

江戸時代を通じて幕府の将軍も、公的には徳川という苗字は名乗ってはいない。朝廷に出す書類では、つねに「源」姓である。

姓名というのは、やはり公称（皇称）だったのである。

## 放氏と続氏

天皇家が握っていた姓氏関係の権限のうち、姓を奪うという権能は、平安時代中期頃から各氏族の氏長者の手に移っていった。これを「放氏」あるいは「取氏」という。所属している氏族から氏人を追放するのである。一族を支配するために、氏長者が握った氏人に対する制裁権であった。

放氏されると氏族の姓名は名乗れなくなり、氏族が有していた諸特権は剝奪され、朝廷への出仕も停止される。氏神、氏寺からの加護が得られなくなるのが、もっとも痛いことだったらしい。

原理的には氏族の棟梁である氏長者が、長者宣あるいは迎書を氏人たちに発して、放氏のことを知らせることで発効する。しかし事前に同族のうちの主立った者と協議して、その同意を取り付けていたらしい。

『朝野群載』巻七に見える一通の迎書は、放氏の基本的な実例である。

迎書

勧学院に送る

藤原の氏長者藤原兼家の長者宣を受けて、以下のことを宣言す。

備前国鹿田荘（岡山市鹿田町）は、藤原氏摂関家の御領なり。しかるに備前守藤原理兼は、数百人の兵を召し集めて同荘内に乱入し、摂関家に上納する予定の米三百余石を没収せり。これ藤原一族の末たりながら、祖宗の本志を破るは、まことに獅子身中の虫というべし。されば本系の氏を取り（取氏）、一族のことに預らしむるなかれ。一族の諸卿が詮議して、定むるところなり。

すべからく後代に伝えて、彼の不義を懲らすべし。

寛和二年（九八六）十一月二十日

摂関家政所別当藤原為信奉

やや長文だが、事情は簡単である。藤原理兼が藤原氏の氏長者の所領で狼藉を働いたので、氏長者から放氏されたのであるが、実は理兼は、鹿田荘が藤原氏の所領であることを認めない朝廷の命令を受けて、国司として止むを得ず狼藉を働いたのである。

いずれにしても理兼を放氏する前に、「一族の諸卿が詮議して」いたことは、注目される。氏長者の専断ではなかったのである。

なお宛名である勧学院は、藤原一族の学校であるが、同時に藤原氏の氏寺である興福寺や氏神である春日大社の事務なども扱っていた。だから理兼放氏のことが伝えられると、興福寺も春日大社も、理兼のための祈禱などはしなくなるわけで、これが理兼にとっては痛いことだったに違いない。

『楽所補任（がくしょぶにん）』にも、また興味ある事例が記されている。仁平元年（一一五一）四月、狛（こま）氏の氏人だった狛光弘が、酒狂によって自害を企てたとして、放氏されたのである。

光弘は狛姓を名乗れなくなり、それまで仕えていた左近衛府（さこのえふ）への出仕も、停止された。注目されるのは、事前に親族たちが集まって協議して、それぞれが証判を連ねた書類が作成されていたことである。やはり狛氏の場合も、氏長者の専断ではなかったのである。

なお放氏されても、一定期間が経過すると、通常は許されたらしい。これを「続氏」あるいは「継氏」といった。

放氏されていた期間が、もっとも永かったのは、葉室流藤原氏にあったものかも知れない。説方、説光の親子二代にわたって、放氏されていたのである。

そのためだろうか、説方の次男惟頼は、父説方の弟重方のもとに養子に入って、ようやく「氏人に列す」ることが許されている。なお説方自身は、放氏されたときに、頼佐と改名もしている。放氏された事情は、判らない。

説方（頼佐）放氏 ― 説光 氏人に列せず
　　　　　　　　 └ 惟頼 重方の子になり氏人に列す
重方

しかし放氏されている期間は、多くの場合、さほど長期だったとは思われない。鎌倉時代末期の正和四年（一三一五）五月二十五日に放氏された参議正四位下の藤原頼定は、同年の六月三日には続氏していて、すぐに朝廷に出仕している。

正和六年五月三十日に放氏された大納言藤原師信（もろのぶ）は、同年六月十二日には続氏しており、室町時代に入って康永三年（一三四四）七月十日に放氏された権中納言藤原隆蔭（たかかげ）は、早くも同月二十八日には続氏している。

鎌倉・室町両時代には、放氏は数多く乱発されたが、すぐに続氏しているのである。

しかし鎌倉時代の中葉から、放氏ということに関する情況は、大きく変質している。弘安七年（一二八四）九月十五日に放氏された勘解由小路流藤原兼仲の様子を、その日記『勘仲記』から見てみる。

この年は早くから藤原氏の氏寺である興福寺の僧兵が気勢を上げ、ほとんど暴徒と化していた。とくに八月に入ると、藤原氏の始祖の藤原鎌足を祀る多武峰（桜井市多武峰）の談山神社の神人とことを構えて、大和国一国を所せましとばかりに荒れ狂った。

当惑しきった京都朝廷では、ついに鎌倉幕府に懇願してその鎮圧を依頼すると同時に、衾宣旨を発することになった。ちなみに衾宣旨とは、朝廷が重罪人の追捕を命ずるさいの文書である。

この衾宣旨の執筆を、院政の主であった大覚寺統の亀山上皇から命ぜられたのが、蔵人治部少輔だった兼仲である。止むを得ず兼仲は、九月七日、衾宣旨を発して、興福寺の僧兵たちの追捕を全国に命じた。

直後の同十六日、兼仲のもとに、興福寺の別当僧正の送状が届けられた。十五日の夕方、兼仲を放氏することに決まったというのである。興福寺の僧兵の追捕を命ずる衾宣旨を執筆したということが、その理由だった。

翌日、関白で藤原氏の氏長者である鷹司兼平から、密旨が兼仲のもとに下された。

「内々に参ずべし」

というのである。放氏された兼仲は、白昼堂々とは外出できなくなっていたのである。

密々に兼仲が兼平邸を訪れると、兼平はいった。

「汝の放氏のこと、さまざまに興福寺に仰せられおわんぬ」

〝君が放氏されたこと、興福寺に対して、さまざまに執り成しているから、しばらくの間、我慢せよ〟ということである。

そして二十一日、朝廷で伊勢神宮関係の朝務が行なわれ、以前から兼仲は奉行に任じられていたので、平常のように出仕して奉行のことを執り行なった。ここに平安時代の放氏との相違が見られる。しかし同二十三日、藤原一族の氏ノ八講の儀式があったが、放氏されて籠居することになっていた兼仲は、これに出席できなかった。兼仲は日記に、

「もっとも遺恨の次第なり」

と書いている。

しかし二十五日、住吉神社のことで朝務が行なわれると、やはり兼仲は朝廷に出仕している。後宇多天皇に近侍する蔵人だったからであろうか。以降も朝務があるごとに、兼仲は朝廷に出仕して仕事をしている。

しかし二十六日の興福寺での氏ノ八講の結願の儀式は、いささか皮肉であった。興福寺から放氏されているのだから、もちろん兼仲は出席はできない。しかし布施だけは、取られたのである。

そして二十九日、亀山上皇が、氏長者である兼平に院宣を発した。

兼仲が放氏されおること、存知せられ候や。もし浮説につき、兼仲が放氏せられたるならば、不慇のことに候か。兼仲が興福寺に仇なすとのさしたる証拠なくんば、計（はか）らい許さるべしと、氏長者より興福寺に仰せらるべきか。亀山上皇の院宣によって、かくは申し沙汰するところなり。

兼仲の苦境を知った亀山上皇が、藤原氏の氏長者である鷹司兼平に対して、興福寺への執り成しを命じてくれたのである。

そして十月六日、興福寺と談山神社との間で、和解が成立した。と翌日の同七日、興福寺を代表する僧兵六人が、氏長者兼平の邸に呼ばれた。

「和解成立ののちは、諸事を穏やかにすべし」

暗に兼仲の継氏のことが、命ぜられたのである。

そして十月十日、興福寺の別当僧正からの消息が、兼仲の邸に届いた。

「昨夜の亥ノ刻（午後十時）、放氏を止め、継氏のこと決定したり」

やっと兼仲は、許されたのである。正式に兼仲が朝廷に出仕したのは、同十五日のことであった。結局、兼仲は、約一カ月間、放氏の身だったのである。

それにしても兼仲放氏の一件は、いくつか注目すべきことがある。もっとも主要なのは、放氏する権能は、誰が握っていたのか、という点である。

本来的には、氏長者の権能だったはずである。ところが兼仲事件では、氏長者である鷹司兼平は、兼仲を慰撫したり、調停に立ったりしているだけだった。

そして兼仲を実際に放氏し、やがて兼仲を許して継氏させているのは、藤原氏の氏寺である興福寺だった。鎌倉時代の中葉以降、氏人を放氏する権能は、氏長者の手から氏寺に移っていたのである。

ほぼ同様の例は、吉田流藤原経長の日記である『吉続記(きつぞくき)』に見ることができる。乾元元年(一三〇二)十月二十日、これまた興福寺から放氏されたとき、彼は大覚寺統の後宇多法皇の近臣だった。放氏された理由は、河内国法通寺荘(東大阪市東石切町)に関連しているとしか判らない。興福寺の寺領が混在していたらしいから、所領のもつれが原因だったのだろう。

いずれにしても十月二十日、

「昨夜、汝を放氏せり」

という興福寺別当の経誉僧正の書状が、京都の経長の邸に届けられた。

ただちに経長は、後宇多法皇の院ノ御所に馳せつけた。

経長の願いを聞いた法皇は、

「別当僧正、近日、上洛あるべしと聞く。その折、関白氏長者の二条兼基に執り成しくれるよう、我から兼基に下知せん」

とされ、その場で兼基に院宣を発せられて、

「急ぎ上洛すべし」

と、兼基に命じてくれた。このとき兼基は、奈良にいたのである。

翌二十一日、経長は出仕しなかった。放氏されている身として、謹慎していたのである。しかし打つべき手は、きちんと打っていた。朝早くに家臣の康春を奈良に出立させたのである。もちろん放氏赦免のことを、興福寺関係者に嘆願させるのが目的だった。

しかし直後、情報が入った、別当僧正が、この日、京都に入ったというのである。康春は、行き違いとなったようだ。

そして二十二日、別当僧正が院ノ御所に出仕した。このとき後宇多法皇が、次のように僧正に語ったと、直後に経長は聞いた。

「経長の放氏のこと、近日中に続氏せざれば、汝の興福寺別当の職を解任すべし」

これを聞いた経誉僧正は、まさに仰天の気があったという。

法皇の強い庇護があったにもせよ、経長の心中では、ただ祈るような想いだけだった。思い付いた経長は、知り合いの神主に続氏のことを祈るように依頼した。

二十三日、思いがけなく、経誉僧正が経長邸に現れて、まず経長が放氏されることになった事情についてて、さまざまに説明した。

そして、

「後宇多法皇より厳密に仰せ下さるといえども、法通寺荘のこと落居せずんば、貴殿を続氏せんこと叶い難し。なお貴殿、近日のうちに中納言より権大納言への御昇進あるべしと聞く。なればなおさらのこと、法通寺荘のこと、よきように相計(はか)らうべし」

ともいった。

なんのことはない、僧正の申し入れは取り引きであり、恐喝であった。法通寺荘の一件を「よきように計らえ」、そうすれば続氏してやる。さもないと、近くに予定されている昇進も、ないことと思えというのである。

政界の裏事情にも通じている経長である。すぐに返事をした。

「法通寺荘のこと、永く興福寺に避り与うべし。なおこれから以降、さらに興福寺のために奔走すべし」

僧正が帰って行ったあと、経長は考えた。

〝僧正に対して諂(へつ)らったのは、しかるべからざることである。しかし事件を、なるべく早期に解決しようとしていったことなのだから、しかたがないではないか〟

いずれにしても僧正は納得して、帰りぎわに約束してくれた。

「明暁、拙僧は奈良に下向して、貴殿を続氏すべしと、人々に示すべし」

しかし、二十四日は、十月一日に死んだ今林准后西園寺実氏室貞子のことで、いろいろなことがあって、経長の続氏のことは院ノ御所では、話題にもならなかった。

二十五日の夜、経長は思いあまって、院ノ御所に出仕した。夜になってから出仕したのは、放氏されている身だったからである。

出仕すると、すぐに後宇多法皇の御前に召された。

「汝の放氏の件、いまだ経誉僧正から、なにごとも知らせはなきか。その件につき、僧正には厳密に仰せ下したり。さては僧正、いま大乗院、一乗院などと協議中ならん」

と法皇はいったあとで、

「今林准后の葬儀の関係のこと、鎌倉幕府の意向を知りたし。汝、それを担当すべし」

と命ぜられた。この時期にもなると、放氏されている人にも、政務関係が委ねられていたらしい。

その帰途、経長は前内大臣大炊御門（おういみかど）信嗣の邸に立ち寄って、しばらく対談した。

「貴殿の放氏のこと、まさに昇進あるべきの時期のことなれば、まことに歎きに存ず」

信嗣は、こういってくれた。

おりふし信嗣の嫡孫三位左中将の冬氏もいて、酒を出されたので、この日は夜ふけてから帰宅した。

そしてついに二十八日、

「経長の放氏のこと、続氏しべし」

という経誉僧正の書状が、院ノ御所に届いた。さっそく経長は諸方に続氏のことを知らせた。心中の喜悦は大きく、やはり祈禱のお蔭だと感謝した。
結果から見ると経長の放氏と続氏は、取り引きの材料にされていたことになる。

## 氏長者と是定

もともと氏人を放氏したり続氏（継氏）させる権能は、族長としての氏長者のものだった。それが鎌倉時代の後期には、すくなくとも藤原氏においては、氏寺である興福寺の権能になっていたことは、先述してある。

この権能が氏長者から興福寺に移る契機となったのは、平安末期に頻発した僧兵の強訴だったと考えられる。そのことを暗に示しているのは、正応五年（一二九二）の事件である。

この年の正月十三日、藤原氏の氏人四人が放氏された。参議正三位の教経（のりつね）、同冬季（ふゆすえ）、参議従三位の宗冬、同資高の計四人である。

これよりさき前年の暮、興福寺の僧兵が藤原氏の氏神である春日大社の神木を擁して入京し、年が明けても在京していた。にもかかわらず先述の四人は、元旦に朝廷で行なわれた節会の儀に参列した。

これが、四人が放氏された理由だった。神木が帰座するより以前は、外出してはいけなかったのである。神木が在京している間は、藤氏の氏人たちは、自邸に謹慎しているべきだと、興福寺側は考えていたのである。

たしかに鎌倉時代の初期までは、興福寺の僧兵が強訴のため神木を擁して入京すると、とたんに藤原一族の公卿たちは、自邸に閉じ籠もった。そして神木が在京している間は、門を閉ざして籠居していた。

しかし、すでに時代は変わった。強訴があまりにも頻繁に行なわれたので、人々は馴れっこになってしまったのである。こうして鎌倉時代も後期に入ると、神木が在京していても、元旦の朝務に出仕する藤氏の氏人も出てきたのである。

神木に対するいわれのない怖れが、しだいに弱まってきたのである。

これに気付いた僧兵たちがとった手が、放氏だった。薄れてきた神木の権威に、放氏という具体的な恐喝を加味して、自分たちの権威の再武装を図ったのである。

しかし、まだ、このことに気付かなかった公卿がいた。まだ神木が在京していたのに、正月七日の白馬（あおうま）ノ節会（せちえ）に、藤氏の氏人二人が参列したのである。参議正三位の冬良と、同従三位の宗嗣だった。

直後の二月一日、二人とも放氏された。止むを得ず、二人とも自邸に籠居した。

そして四月二十一日、強訴の目的を達した僧兵たちは、神木を擁して興福寺に帰っていった。と同時に放氏されていた総計六人が、すべて許されて続氏した。神木の権威は、かくして保たれた。

藤氏の氏人を放氏したのは、氏長者ではなく、藤氏の氏寺である興福寺だった。この間、藤氏の氏長者だった関白九条忠教は、六人のことを、さまざまに興福寺に取り成していた。しかし、それだけだった。藤氏の氏長者の権威は、まさに地におちた。それでも氏長者という地位は、なおも続いていく。

遡って氏長者というものの前身を考えると、大化改新より以前の氏上（うじのかみ）に突きあたる。この氏上たちが、九世紀の頃から氏長者と呼ばれだしたのである。

もともと氏族の数は、「百姓（ひゃくせい）」と呼ばれるほどに多かった。だから氏上の人数も、きわめて多かったはずである。

しかし律令制が進行すると、これに乗り遅れた氏族が、急速に消えていった。葛城、平群（へぐり）、和邇（わに）、水取（もいとり）、掃部（かにもり）などが、それである。同時に氏上の人数も、当然のことながら減少している。

そして氏上が氏長者と改称された九世紀に入ると、その氏長者を擁する氏族も、いくつかに定着する。藤原、源、橘、伴、高階（たかしな）、中臣（なかとみ）、忌部（いんべ）、卜部（うらべ）、越智（おち）、菅原、和気（わけ）、丹波の十二氏のほか、親王家と孫王家などの皇籍家だけになっていた。

鎌倉時代の約一世紀半は、氏長者を擁する名族の数を、大きく減少させた。やがて南北朝期に入って、北畠親房が書いた『職原抄（しょくげんしょう）』には、次のように記されている。

およそ氏長者と称するは、王氏、源氏、藤氏、橘氏に、この号あり。

いわゆる源、平、藤、橘の四姓家の氏長者を調べてみると、大略、次のようである。

源氏には、氏長者はいた。しかし清和源氏からではなく、村上源氏から出ることになっており、それも久我家流から、さらに土御門家流へと継承されていた。

清和源氏は武家化しており、他の諸源氏は衰微しており、京都朝廷で公卿として気を吐いていたのは、ひとり村上源氏だけだったからである。

この間、村上源氏から出た源氏の氏長者が、淳和院と奨学院の両院の別当を兼任する風が成立したことは、注目される。源氏の氏長者になるということは、そのまま両院の別当でもあるというように、なったのである。

ちなみに淳和院は、もともとは第五十三代淳和天皇の後院として造営された。のちに橘氏の支配下に入ったが、橘氏が衰微すると村上源氏の支配下に入った。戦国時代に建物自体が廃絶し、その別当というのも、名誉職としての名だけのものとなる。

また奨学院は、皇族出身氏族の学院として、天慶五年（八八一）、在原行平によって創建された。しかしこれもやがて廃絶して、これまた同院別当という称号が、名誉職として残ったのである。

いずれにしても淳和・奨学両院の別当は、源氏の氏長者だった村上源氏の久我―土御門流が世襲した。このため両院の別当という名誉職としての職名は、源氏の氏長者という地位のシンボルと化した。

しかし室町時代に入って永徳三年（一三八三）正月十四日、変化があった。源氏の氏長者であった村上源氏の久我具通から、室町幕府の三代将軍足利義満が、「氏長者、両院別当」の地位を取り上げたのである。

こうして源氏の氏長者の地位は、清和源氏の手に入った。以降、歴代の将軍は、征夷大将軍に就任すると同時に、氏長者と両院別当にも就任した。そのため征夷大将軍、氏長者および両院別当という地位は、三位(さんみ)一体のものとなる。

この風は、江戸幕府にも受け継がれた。慶長八年（一六〇三）二月十二日、徳川家康は「征夷大将軍、氏長者、淳和・奨学両院別当」に就任し、以降、この三職が徳川将軍家に継承されることになる。

次に平氏だが、……

平氏には、最初から氏長者はいなかった。仁明、文徳、光孝の三平氏は、すぐに衰微したし、桓武平氏は後に忠盛や清盛などを輩出することになるが、当初は武家となって地方に移り住んでいたからであろう。

そして藤原氏だが、……

平安時代と鎌倉時代とで氏長者といえば、それは藤氏の氏長者のことであった。それほどまでに、藤氏の氏長者というのは、この時代の歴史に大きく影響した。その結果、一般的な他氏の氏長者も含めて、いわゆる「氏長者」の研究は、基本的に藤氏のそれを典型例としてなされてきている。

藤氏の氏長者は、他氏よりもやや早く、八世紀末には成立していたらしい。足利義満以降、源氏で「征夷大将軍、氏長者、淳和・奨学両院別当」の三位一体が成立したように、藤氏にも三位一体のものがあった。「摂政あるいは関白、氏長者、勧学院別当」である。

勧学院は藤氏一族の子弟のための学校で、弘仁十二年（八二一）、藤原冬嗣が創設した。のちに藤氏の氏寺である興福寺や氏神である春日大社などの事務も、扱うようになっている。

藤氏における三位一体のうちに、「摂政あるいは関白」という地位があったことに、注目される。早くから藤氏は南家、北家、式家、京家の四家に分流したが、摂関の地位は北家のうちの摂関家流に独占されたから、氏長者の地位も、必然的に摂関家に限られることになる。

藤氏の氏長者には、他氏にはない特徴があった。氏長者のシンボルとして、朱器、台盤というものがあったことである。氏長者の代がわりごとに、その授受があったという。

朱器というのは食器としてのお椀（わん）のことで、朱の漆で赤く塗られていたらしい。台盤はそれをのせるお膳（ぜん）のことで、二十七人前あったという。もともとは冬嗣が使ったもので、毎年正月の大臣大饗の宴会に用いられたという。

藤氏の氏長者の例で明確に見られるが、一般に他氏の氏長者にも、次の四種の権能が、氏長者にはあったらしい。

一　氏神を祀り、氏社、氏寺を管理する

二　氏の学院を管理する

三　氏人を放氏し続氏する

## 四　氏爵を推挙する

氏爵（うじのしゃく）を推挙することを、氏挙（うじのきょ）という。

原則として毎年正月六日、朝廷で叙爵（従五位上の昇叙）が行なわれる。このとき各氏族から一人、六位以下の者を氏長者が朝廷に推挙することである。当然のことながら、このとき氏長者は、従五位（じゅごいの）上（じょう）以上でなければならない。

ところが永観元年（九八三）十一月十五日、橘氏で事件が起こった。橘氏の氏長者で参議正四位下の橘恒平が、六十二歳で死んだのである。

問題は、氏長者の後任だった。このとき橘氏の氏人たちのうちに、従五位上以上の者がいなかったのである。

翌年正月六日の叙爵の日は、刻々と迫ってくる。これに間に合わないと、永観二年正月の氏挙に、橘氏だけは洩れることになる。

厳しい焦燥のなかで、ついに橘氏の氏人たちは決意した。わずかながらも橘氏の血をうけている正四位下非参議の藤原道隆に、橘氏の子爵の推挙権を委託したのである。

（橘）安吉麿─┬─良殖─敦行─敏行─恒平
　　　　　　└─良基─澄清─┬─女
　　　　　　　　　（源）仲正─┘　└─時姫
　　　　　　　　　　　　　（藤原）兼家─┴─道隆

以降、橘氏の氏長者と名乗る人物は、いることはいた。しかし氏の学院である学館院を管理するだけで、実質的な権限や権能は、まったく持たなくなる。

当然のことながら橘氏の氏人たちは、この名目だけの氏長者の支配には、完全に服従しなくなる。橘氏の氏長者には、推挙権も制裁権もなくなったからである。

かわりに道隆の橘氏の氏人たちに対する支配権は、いやが上にも強まっていく。氏人の推挙権から制裁権にいたるまで、学館院の管理以外のすべての権能を、道隆は掌握したのである。

ちなみに氏（うじ）に関する諸事項を決定することを、橘氏を含む他の氏においても、氏定（うじのさだめ）あるいは是定（ぜじょう）という。その橘氏における是定の権能を、道隆が一手で握ったのである。

こうして事実上の橘氏の氏長者のことを、是定と呼ぶ風が成立するのである。

これより以降、事実において橘氏の氏長者である是定は、つねに他氏が嗣ぐことになる。そのおりおりで橘氏の氏人から委任されるからである。

橘氏の是定になった者には、藤原摂関家では道隆、道兼、道長、頼通、教通、頼宗、師実、信長、頼長、基実、基房などがあり、村上源氏では師房、俊房、有仁らがある。

源平藤橘の四姓は、ついに十世紀末、その一角が崩れたのである。

# 名字と苗字

## 称号から名字へ

藤原氏というのは、もともとは中臣氏だった。その遠祖については、二説がある。ともに神話に登場する神で、天児屋根命と第六代孝安天皇の兄である天足彦国押入命とである。

天児屋根命とする説では、その末裔に大中臣、春日、気比、香取、鹿島などの神宮司関係のほかに、岩出（祝出）、箕曲、樋口、河田、小俣、野依、岩田、若菜、殿村、小泉、田村、沢（最）、藤波などの諸氏がある。

天足彦国押入命を遠祖とする氏族には、大中臣、大春日、真野、和邇、粟田、山上、布留、久米、物部、羽束（和束）、小野、葉栗、吉田、丈部（長谷部）、大宅、壬生などがある。

いずれにしても「藤原」姓は、天智天皇八年（六六九）十月十五日に成立した。病床にあった中臣鎌足が、大化改新以来の功によって賜姓されたのである。

ちなみに「藤原」というのは、鎌足邸があった大和国高市郡内（橿原市高殿町など）の地名だったらしい。中臣氏一族の本宗家が改姓したので、このとき同時に庶流の諸家も、「藤原」と改姓したようである。

ところが第四十二代文武天皇二年（六九八）八月十九日、天皇の詔が出された。

> 「藤原」姓は、鎌足の長子不比等の系統のみ、これを伝えよ。意美麻呂など自余の庶家は、神事に携わるによって、よろしく旧姓に復すべし。

「藤原」姓は鎌足の長子不比等の子孫のみが独占することになり、その他の旧中臣氏の庶家たちは、また旧姓の中臣に戻れというのである。

文武天皇がとったこの措置には、いくつかの意味があった。その一つは、旧中臣氏が中臣氏三流と藤原とに四分流したということである。

不比等の弟祭国子とその子意美麻呂の系統は、旧姓の中臣に戻ったあと、京都北区の吉田神社や常陸国鹿島神宮（鹿島町）の神職家になった。吉田、鹿島などの名字は、これに由来する。

鎌足の弟垂目の系統は、「中臣」を「大中臣」と改姓して、藤原氏の氏社である奈良の春日大社の神職家になる。春日という名字は、これに由来する。

そして鎌足の叔父にあたる国子の孫意美麻呂の系統は、卜部（占部）と名乗って卜筮のことを担当し、主に神祇官に勤めるほか、京都右京区の梅宮神社の神職家となる。

なお旧来の中臣氏は、大和朝廷において神拝、卜筮などのことを分掌してきた氏族だった。これが一転して全員が藤原氏になってしまうと、朝廷での神拝、卜筮などを担当する氏族がいなくなってしまうことになる。それでは困るということで、文武天皇は不比等系以外を大中臣氏として残しておこうと図ったのである。

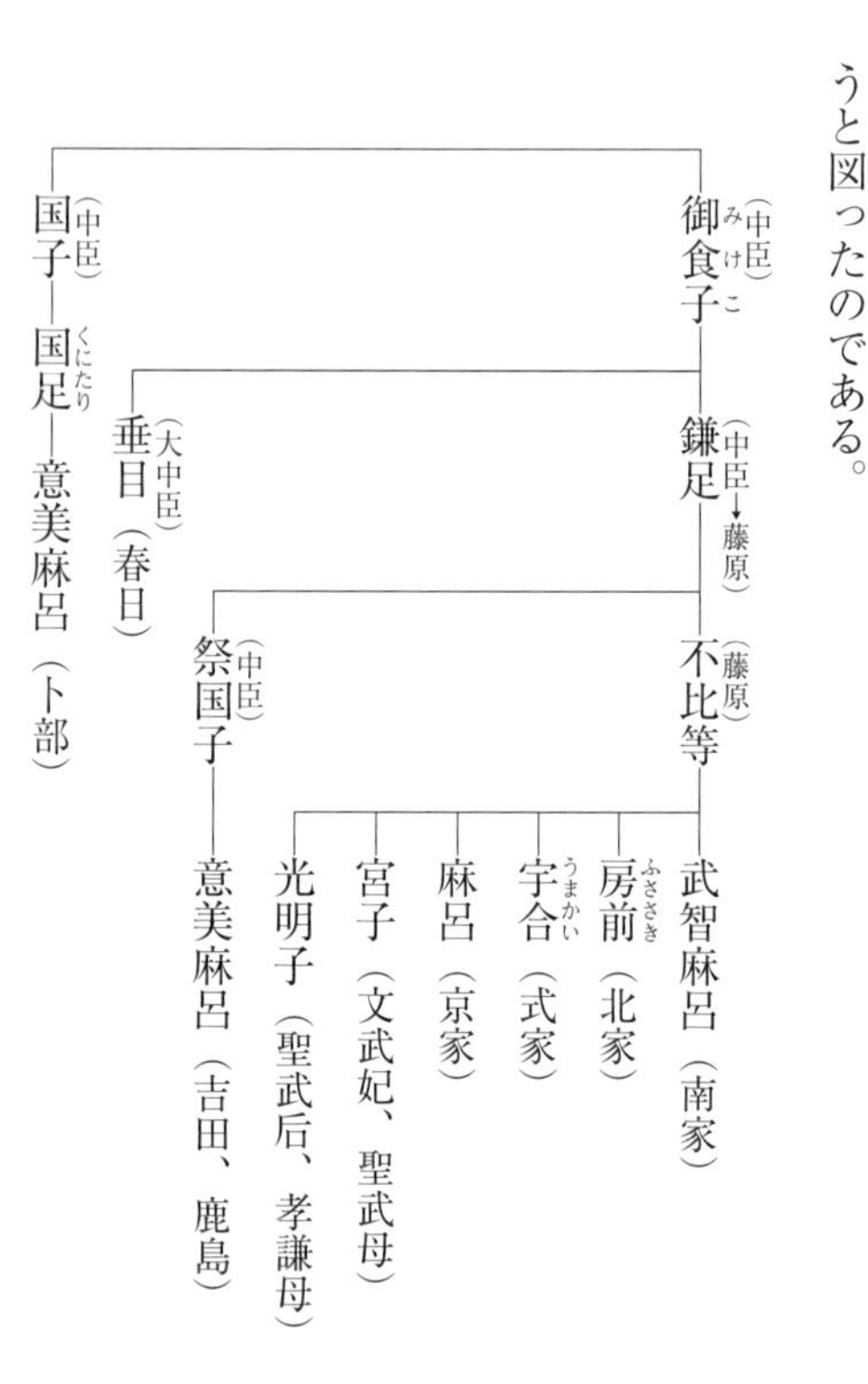


見方を変えると、新しく成立した藤原氏は、神道関係は担当しない氏族であると、意識されていたことになる。では、なにを担当すると、期待されていたのだろうか。

ちなみに古語としての「政治」は、〝まつりごと〟と読む。大和朝廷の頃には、〝神を祀ること（祭祀）〟は、そのまま〝政治〟だったのである。

そしていま、祭祀を担当してきた中臣氏から、藤原氏が析出され分流し、従来通りの祭祀は担当しないというからには、藤原氏が担当するのは、まさに政治にほかならない。成立した当初から、藤原氏は政治担当の氏族だったのである。

（翻って考えると、大和朝廷も成長したものである。政治と宗教とが直結していた古俗から脱却して、政治と宗教との分離が進行していたのである。これがひとまず完成するのは、律令制の成立である。天皇の下に、政治を担当する太政官と宗教を担当する神祇官とが、やがて並立するのである）

いずれにしても政治担当氏族としての藤原氏の初代となった不比等は、その期待に充分に応えた。大宝律令、養老律令の編纂と施行、奈良への遷都、飛鳥（明日香村）にあった氏寺山階（やましな）寺を奈良に移して興福寺と改称するなどである。

養老四年（七二〇）八月三日、不比等は六十二歳で死んだ。しかし不比等の活躍の成果は、その死後に花開いた。

生前に長女宮子は第四十二代文武天皇の妃となっていたが、宮子が生んだ皇子が、やがて第四十五代聖武天皇になる。そして次女光明子は、姉宮子が生んだ聖武天皇の皇后になり、その光明子が生んだ皇女が、続いて第四十六代孝謙天皇になるのである。

不比等には四人の男子があり、長男武智麻呂（むちまろ）が南家、次男房前（ふささき）が北家、三男宇合（うまかい）が式家、四男麻呂（まろ）

が京家と、それぞれに分流した。

氏長者の地位は、最初は長男武智麻呂が就任したが、すぐに次男房前に受け継がれ、以降は北家流の占有となる。のちの摂関家は、この北家流の本宗のことである。

いずれにしても、藤原氏は盛運をきわめた。つねに朝廷の政務の中枢にあって、政治担当氏族としての実を、天下に示し続けたのである。

そして天安二年（八五八）八月二十七日、わずか九歳で第五十六代清和天皇が即位すると、天皇の母方の祖父だった北家藤原良房は、摂政の座についた。人臣摂政の最初である。

以降、歴代の北家流藤原氏は、天皇の後宮に娘を送り込んで、次の天皇の外戚という地位を守り続け、天皇が幼年ならば摂政、天皇が成年に達すると関白に就任した。いわゆる摂関政治である。

一族の氏長者が摂関の地位にあれば、当然のことながら、藤原一門の諸家も、それぞれに朝廷に枢要の地位を占めることになる。たとえば道長が摂政だった長和四年（一〇一五）、左大臣、右大臣、内大臣、大納言、権大納言など上位八人は、すべて北家流藤原氏が占めていた。三位以上の公卿三十一人のうち、実に二十三人までが藤原氏の氏人だった。

必然的に、京都市中に藤原氏の氏人が満ち溢れた。京都市内のどこの場所にも、藤原姓の者が邸を構えている。そんな情況が現出したのである。

このような情況のなかから、一つの風習が始まった。藤原氏の氏人たちが、相互に他と区別するた

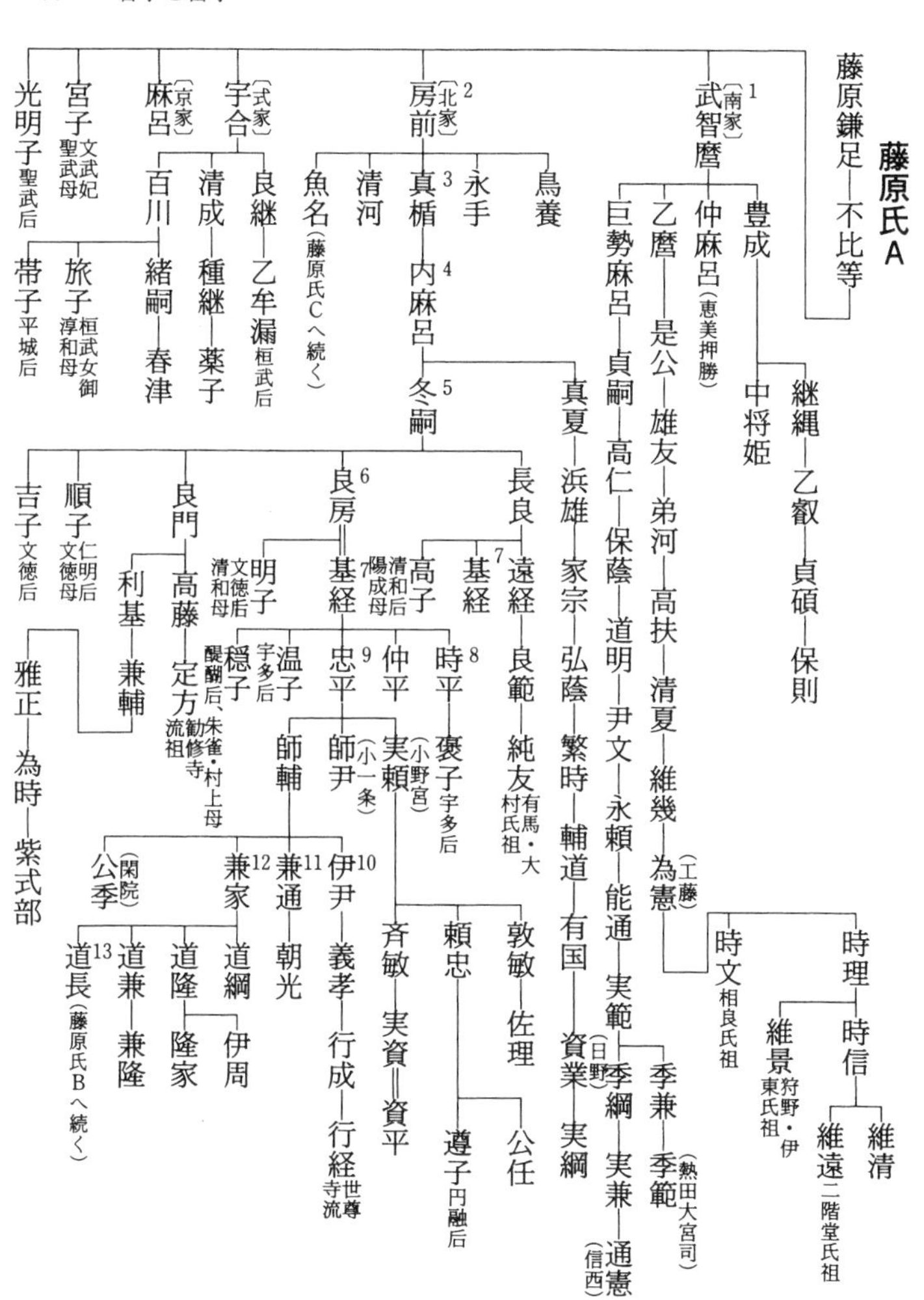

藤原氏A
藤原鎌足―不比等
武智麿（南家）
房前（北家）
宇合（式家）
麻呂（京家）
宮子 文武妃 聖武母
光明子 聖武后
豊成
仲麻呂（恵美押勝）
乙麿
巨勢麻呂
継縄―乙叡―貞碩―保則
中将姫
是公―雄友―弟河―高扶―清夏―維幾―為憲（工藤）
時理
時文 相良氏祖
時信
維景 狩野・伊東氏祖
維清
維遠 二階堂氏祖
貞嗣―高仁―保蔭―道明―尹文―永頼―能通―実範
季兼―季範（熱田大宮司）
季綱（日野）―実兼―通憲（信西）
鳥養
永手
真楯
清河
魚名（藤原氏Cへ続く）
内麻呂
真夏―浜雄―家宗―弘蔭―繁時―輔道―有国―資業―実綱
冬嗣
長良
遠経―良範―純友 有馬・大村氏祖
基経
高子 清和后 陽成母
良房
明子 文徳后 清和母
時平
仲平
忠平
温子 宇多后
穏子 醍醐后、朱雀・村上母
褒子 宇多后
実頼（小野宮）
師尹（小一条）
師輔
敦敏―佐理
頼忠
公任
遵子 円融后
斉敏―実資＝資平
伊尹―義孝―行成―行経 世尊寺流
兼通―朝光
兼家
公季（閑院）
道綱
道隆
伊周
隆家
道兼―兼隆
道長（藤原氏Bへ続く）
良門
高藤―定方 勧修寺流祖
利基―兼輔
雅正―為時―紫式部
順子 仁明后 文徳母
吉子 文徳后
良継―乙牟漏 桓武后
清成―種継―薬子
百川―緒嗣―春津
旅子 桓武女御 淳和母
帯子 平城后

## 藤原氏B（摂関家流）

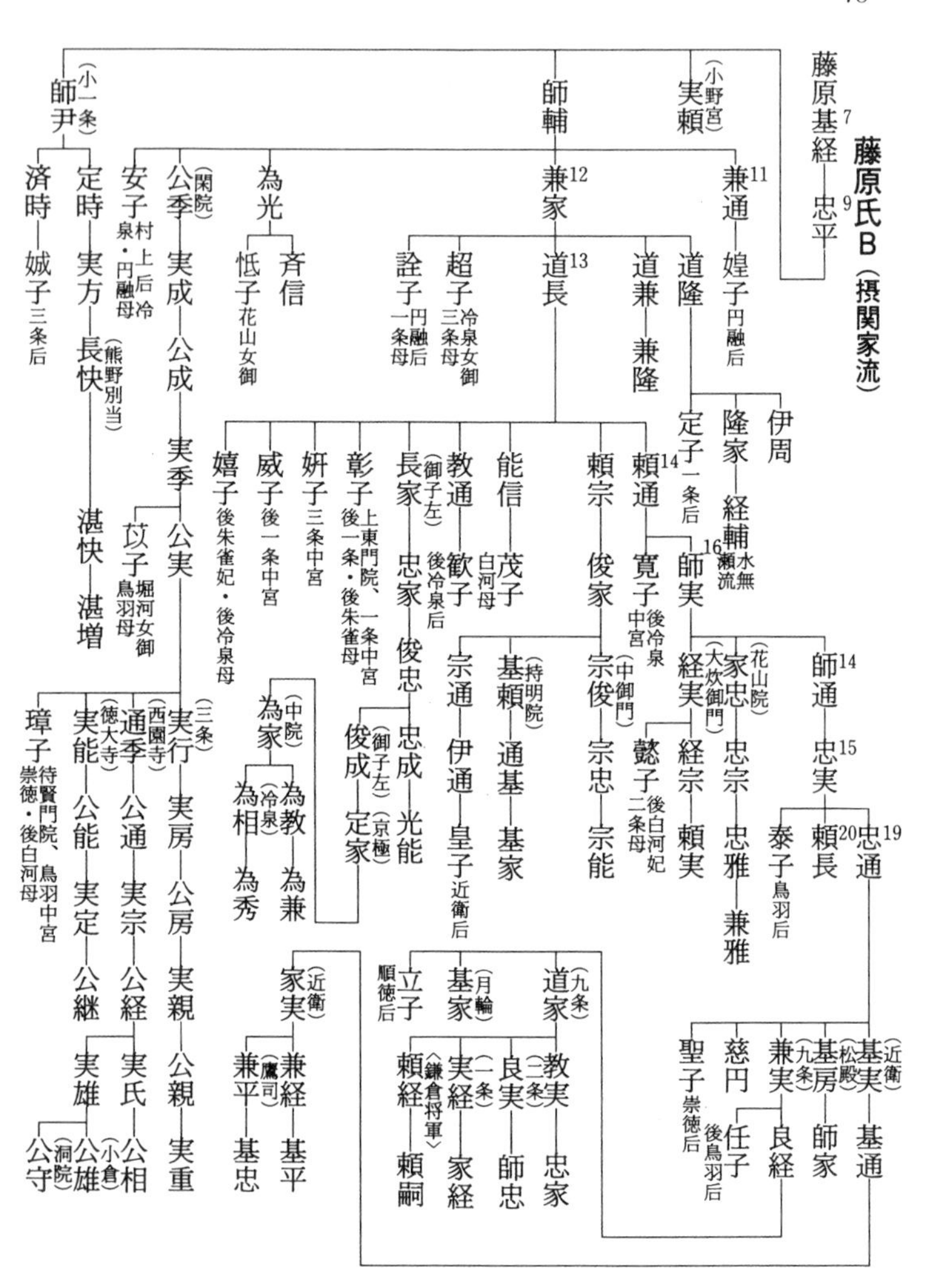

藤原基経7
忠平9
実頼（小野宮）
師輔
師尹（小一条）
兼通11
兼家12
為光
公季（閑院）
安子 村上后 冷泉・円融母
媓子 円融后
道隆
道兼
道長13
超子 冷泉女御 三条母
詮子 円融后 一条母
斉信
忯子 花山女御
定時
済時
娀子 三条后
実成
公成
実季
実方
長快（熊野別当）
湛快
湛増
伊周
隆家
経輔 水無瀬流
定子 一条后
兼隆
頼通14
頼宗
能信
教通
長家（御子左）
彰子 上東門院、一条中宮 後一条・後朱雀母
妍子 三条中宮
威子 後一条中宮
嬉子 後朱雀妃・後冷泉母
苡子 堀河女御 鳥羽母
公実
師実16
寛子 後冷泉中宮
俊家
茂子 白河母
歓子 後冷泉后
忠家
俊忠
師通14
家忠（花山院）
経実（大炊御門）
宗俊（中御門）
基頼（持明院）
宗通
忠実15
忠宗
経宗
懿子 後白河妃 二条母
宗忠
通基
伊通
忠成
俊成（御子左）
為家（中院）
忠通19
頼長20
泰子 鳥羽后
忠雅
兼雅
頼実
宗能
基家
皇子 近衛后
光能
定家（京極）
為教
為相（冷泉）
為兼
為秀
実行（三条）
通季（西園寺）
実能（徳大寺）
璋子 待賢門院、鳥羽中宮 崇徳・後白河母
実房
公房
実親
公親
実重
公通
実宗
公経
実氏
公相
実雄
公雄（小倉）
公守（洞院）
公能
実定
公継
家実（近衛）
兼経
兼平（鷹司）
基平
基忠
道家（九条）
基家（月輪）
立子 順徳后
教実
良実（二条）
実経（一条）
頼経〈鎌倉将軍〉
忠家
師忠
家経
頼嗣
基実（近衛）
基房（松殿）
兼実（九条）
慈円
聖子 崇徳后
基通
師家
良経
任子 後鳥羽后

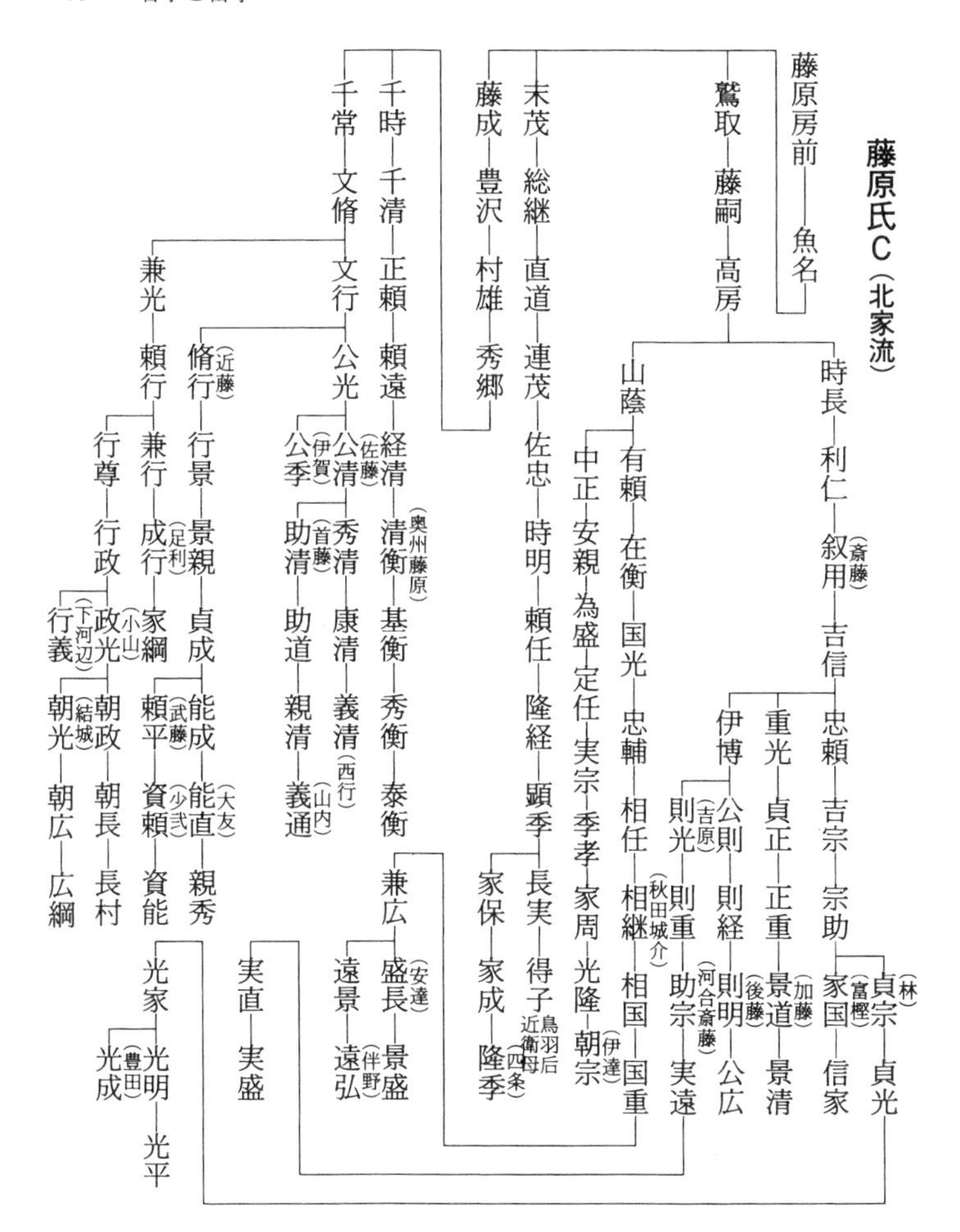
藤原氏C（北家流）
藤原房前―魚名
鷲取―藤嗣―高房
時長―利仁―叙用（斎藤）―吉信
忠頼―吉宗―宗助
貞宗（林）―貞光
家国（富樫）―信家
重光―貞正―正重―景道（加藤）―景清
伊博―公則―則経―則明（後藤）―公広
則光（吉原）―則重―助宗（河合斎藤）―実遠
山蔭―有頼―在衡―国光―忠輔―相任―相継（秋田城介）―相国―国重
中正―安親―為盛―定任―実宗―季孝―家周―光隆―朝宗（伊達）
末茂―総継―直道―連茂―佐忠―時明―頼任―隆経―顕季
長実―得子（鳥羽后 近衛母）
家保―家成―隆季（四条）
藤成―豊沢―村雄―秀郷
千時―千清―正頼―頼遠―経清―清衡（奥州藤原）―基衡―秀衡―泰衡
千常―文脩―文行―公光―公清（佐藤）―秀清―康清―義清（西行）
公季（伊賀）―助清（首藤）―助道―親清―義通（山内）
脩行（近藤）―行景―景親―貞成―能成―能直（大友）―親秀
頼平（武藤）―資頼（少弐）―資能
兼光―頼行―兼行―成行（足利）―家綱
行尊―行政―政光（小山）―朝政―朝長―長村
行義（下河辺）
朝光（結城）―朝広―広綱
兼広―盛長（安達）―景盛
遠景―遠弘（伴野）
実直―実盛
光家―光明（豊田）―光平
光成

めに、その住邸の所在地の地名で、互いに呼び合うようになったのである。これを「称号」という。いずれも敬意を表すという意見もあって、その邸のことを指す「殿」の字を附して〝――殿〟と呼んだ。一条大路に面して邸があると〝一条殿〟、堀川大路ぎわにあると〝堀川殿〟、洞院大路だと〝洞院殿〟といったぐいである。

平安時代に見られた「称号」には、次のようなものがある。

二条殿　三条殿　四条殿　富小路殿　坊城殿　桃園殿　冷泉殿　小一条殿　中山殿　日野殿　高倉殿　武者小路殿　柳原殿　葉室殿　室町殿　飛鳥井殿　山科殿　宇治殿　醍醐殿　姉小路殿　鳥羽殿　伏見殿　大炊殿　西園寺殿

この時期、結婚すると男は妻の家に住むのが、一般的だった。だから父と子が別々に住むということで、結果的に「称号」も父と子では、別になることが多い。摂関家を例にすると、次のようである。

頼通（宇治殿）―師実（京極殿）―師通（後二条殿）―忠実（富家（ふけ）殿、知足院殿）―忠通（法性寺殿）

同一の人物であっても、住む所が変われば、「称号」も変わる。もともと忠実は宇治の富家殿に住んで「富家殿」と呼ばれたが、保元ノ乱後、京都市北区紫野の知足院に住んで、「知足院殿」と称号されている。早く良房は「白河殿」だったが、晩年には「染殿」になっている。

いずれにしても「称号」は、歴史上の人物の住所が知られるので、研究者には非常にありがたい。ところが源平合戦から鎌倉時代にかけての頃（十二―十三世紀）、大きな変化が生じた。社会全体が、

| 代　数 | 天　皇 | 立太子 | 在　位 | 崩御 | 退位から崩御まで | 摂関(天皇の……) |
|---|---|---|---|---|---|---|
| 55 | 文　徳 | 16 | 24〜32 | 32 | 0 | —— |
| 56 | 清　和 | 1 | 9〜27 | 31 | 4 | 良房(母ノ父)基経(母ノ兄) |
| 57 | 陽　成 | 2 | 9〜17 | 82 | 65 | 基経(父ノ母ノ兄) |
| 58 | 光　孝 | — | 55〜57 | 57 | 0 | 基経(母ノ姉ノ子) |
| 59 | 宇　多 | 21 | 21〜31 | 65 | 34 | 基経(母ノ母ノ姉ノ子) |
| 60 | 醍　醐 | 9 | 13〜46 | 46 | 0 | —— |
| 61 | 朱　雀 | 3 | 8〜24 | 30 | 14 | 忠平(母ノ兄) |
| 62 | 村　上 | 19 | 21〜42 | 42 | 0 | 忠平(母ノ兄) |
| 63 | 冷　泉 | 1 | 18〜42 | 62 | 20 | 実頼(母ノ父) |
| 64 | 円　融 | 9 | 11〜26 | 33 | 7 | 実頼(母ノ父)伊尹(母ノ父の弟ノ子)兼通(母ノ兄)兼家(母ノ兄) |
| 65 | 花　山 | 2 | 17〜19 | 41 | 22 | 頼忠(母ノ父ノ兄ノ子) |
| 66 | 一　条 | 5 | 7〜32 | 32 | 0 | 兼家(母ノ父)道隆(母ノ兄)道兼(母ノ兄) |
| 67 | 三　条 | 11 | 36〜41 | 42 | 1 | 道長(母ノ兄) |
| 68 | 後一条 | 4 | 9〜29 | 29 | 0 | 道長(母ノ父)頼通(母ノ兄) |
| 69 | 後朱雀 | 9 | 28〜37 | 37 | 0 | 頼通(母ノ兄) |
| 70 | 後冷泉 | 13 | 21〜44 | 44 | 0 | 頼通(母ノ兄) |
| 71 | 後三条 | 12 | 35〜39 | 40 | 1 | 教通(父ノ母ノ兄) |
| 72 | 白　河 | 17 | 20〜34 | 77 | 43 | 教通(父ノ母ノ兄)師実(父ノ母ノ兄ノ子) |

母系制から父系制に移行し、妻が夫を自宅に呼び入れる方式から、夫が父の邸を相続し、そこに妻を迎え入れる方式へと変化したのである。

その結果、いままでは父子別々だった「称号」が、父、子、孫、曽孫と代々に受け継がれることになる。「称号」が個人のものではなくなり、一定の家系のものと変わったのである。

これを摂関家を例として見ると、次のようになる。結果的に摂関家が五系統に分流して、いわゆる五摂家が成立するのである。

忠通─┬─基実（近衛）─基通─家実─┬─兼経（近衛）
　　　│　　　　　　　　　　　　└─兼平（鷹司）
　　　├─基房（松殿）
　　　└─兼実（九条）─良経─道家（九条）─┬─教実（九条）
　　　　　　　　　　　　　　　　　　　　├─良実（二条）
　　　　　　　　　　　　　　　　　　　　└─実経（一条）

忠通の長男基実から以降の嫡系は、第七十六代近衛天皇の皇居があった近衛町（上京区）に住んで、近衛家となった。兼経の弟兼平は鷹司室町（上京区）に住んで、鷹司家の初代となった。

忠通の三男兼実から以降の嫡系は、九条殿（東山区本町の東福寺）に住んで、九条家となった。道家の次男良実は、東二条殿（上京区）に住んで二条家を興し、三男実経は一条殿（上京区）に住んで一条家の祖となった。

このように「称号」が個人の名ではなく、一定の家系の呼び名に転化したとき、これを「名字(みょうじ)」という。前記の五摂家でいえば、近衛、鷹司、九条、二条、一条が、それである。基本的に藤原氏の分流によって生じたもので、住所の地名によることが多かったので、前述の「称号」と多くは一致する。

公卿社会特有の「名字」のうち、著名なものを列挙すると、前述の五摂家のほかに、次のようなものがある。

〔藤原氏庶流〕

西園寺　徳大寺　三条　大宮　清水谷　滋野井　姉小路　室町　洞院　正親町(おおぎまち)　押小路　西大路

岩倉　鷲尾　三条西　油小路　勧修寺(かじゅうじ)　河鰭(かわばた)　八条　武者小路　甘露寺　清閑寺　河野　葉室

万里小路(までのこうじ)

臣籍降下した後も公卿として京都に留まっていた村上源氏も、それなりに同族が繁衍(はんえん)したので、やはり「称号」が「名字」に転化している。同様の例は、菅原氏や大江氏などでも見られる。

〔村上源氏庶流〕

堀河（堀川）　鈴鹿　中院(なかのいん)　久我(こが)　土御門(つちみかど)　冷泉　六条　唐橋　岩倉　大河内　持明院　亀谷

千種(ちぐさ)　坊門　小坪　北畠　浪岡　多気　木造(こづくり)　田丸　京極　坂内　藤方　坊城　阿坂　波瀬　入

下　星合　楊桃(やまもも)　壬生　猪熊(いのくま)　赤松　中津川

〔桓武平氏高棟王流（公卿流）〕

安居院(あごいん)　烏丸(からすま)　西洞院　平松　石井(いわい)　小松　長谷(ながたに)　交野（片野）

〔菅原氏〕

高辻　唐橋　小倉　五辻　五条　東坊城　清岡　桑原　有元　広戸　福光　植月　原田　鷹取

江見　皆木　豊田　粟井　福元　小坂　梶並　前原　菅納(かんのう)　前田

〔大江氏〕

江(こう)　大枝(おおえ)　土師(はじ)　秋篠(あきしの)　北大路　田総(たぶさ)　海東　那波　水谷　丸沢　高屋　柴橋　小沢　上田　古河　西目

## 名字と名字ノ地

「名字」と「苗字」とは、本来はやや違うものだったらしい。江戸時代の儒学者伊勢貞丈の『貞丈雑記』に、次のように記されている。

苗字と云は、うじ也。たとへば伊勢、細川、畠山などの類(たぐい)也。苗字といふ子細は、稲、麦などの生へ初の時を苗(ナエ)と云。其如く、先祖は其家々の苗の如し。其先祖の名乗り始たる氏なる故、苗字と云也。

苗字ト云字、古代之書ニハ見エズ。中古以来ノ事也。先祖ノ子孫ヲ苗裔ト云ニヨリテ、苗字ト云也。

また荻生徂徠の書いた『南留別志』には、次のように記されている。

> 苗字といふ事は、室町期の比より起れり。鎌倉の代には、それぞれの住所にしたがひて、和田ともいひ、三浦とも称し、朝比奈ともなのりしを、太平記の比より、あらぬ国に住みながら、仁木、細川、佐々木などといひたりし。是よりして、おのづからに姓はかくれゆきたるなり。

本居宣長の『玉勝間』には、次のように記されている。

> 藤原、源などは、世に同じ氏の人、数しらすおほかれば、その内を苗字して分ざれば、いとまぎらはしきままに、つねにその苗字をのみよびならひて、むねとなれる。これおのづから必しかるべきいきほひにして、今は此苗字ぞ姓の如くなれりければ、姓のしられざらん人などは、苗字を正しく守るべきわざなりかし。
>
> さて、この苗字の苗ノ字は、よしなきことなり。こは、もと名字なりけむを、然書ては、名又あざなにまぎると故に、かきかへたる物なるべし。

滝沢馬琴の『燕石襍志』には、次のように記されている。

> 玉海に安元三年四月二十日宣旨、依奉射神輿、給獄所輩とある条に、田使俊行（字難波五郎）、藤原成直（字早尾六郎）など見え、又奥羽軍記に字荒川太郎（斑目十郎）など見えし、この難波、早尾、斑目など称するは、後世にいふ苗字なり。

　苗字の字は、則字（アザナ）の義なること思ひあはしつ、（中略）早尾と称する字は、子孫へ伝るをもて、苗字といへり。人の子たるもの、父を同苗と唱るにて、その義、審（つまびらか）なり。

以上のような江戸時代の碩学の指摘には、充分に傾聴すべき点はあるが、かなり多くの点で、間違いがあるといわざるを得ない。

伊勢貞丈が指摘しているように、「苗字」という文字は、確かに古代の書には見えない。近世に入ってから見られる文字である。

荻生徂徠は、「苗字」というのは、室町時代に始まったとしながら、「鎌倉の代には、それぞれの住所にしたがひて、和田ともいひ、三浦とも称し、朝比奈ともなりし」としているのは、半分ほどの達見である。

本居宣長が「藤原、源などは、世に同じ氏の人、数しらすおほかれば、その内を苗字して分ざれば、いとまぎらはしきままに」と指摘しているのも、やはりひとつの達見ではある。

しかし以上のような碩学の論考を云々するよりも、実例を挙げた方が、より判り易いだろう。

すでに奈良時代の文献に、「名字」という文字が散見される。

内相於国、功勲已高、然猶報効未行、名字未加（『続日本紀』天平宝字二年〔七五八〕八月庚子条）

天皇悦其功績、更加名字、号暴代連（『新撰姓氏録』左京神別上）

右一首、依作者微、不顕名字（『万葉集』一四二八の左注）

しかし奈良時代の「名字」は、まだ「姓名」の意味だったと思われる。平安時代に入ると、「名字」は「実名（個人名）」の意味で用いられている。

奉幣之時、宣命之中、雖公卿必書入名字（『中右記』長治二年〔一一〇五〕八月十三日条）

名字、二男義範、三男行範（『兵範記』仁平二年〔一一五二〕八月七日条）

御供の人々には、関白殿（中略）大外記師季等也。武士の名字は、しるすに及ばず（『保元物語』上、「主上、三条殿に御幸の事」）

当国内、至伊都、那河両郡者、永可削名字歟（嘉承二年〔一一〇七〕正月二十五日付古文書、『平安遺文』一六七〇）

最後の例は、単に〝事物の名称〟というだけである。鎌倉時代に入ると、「名字」の用例は続出する。とくに鎌倉幕府の半公的記録である『吾妻鏡』には、「名字」という語が頻出する。

馬部といへるは、左京馬寮の仕人の名字也（『名語記』六）

筆者、誤って岡仁谷郷を書き加ふ。この名字、衆人、いまだ覚悟せず。（中略）毎度、両郷の名字を載す。（『吾妻鏡』治承四年〔一一八〇〕九月十日条）

老翁一人、束帯を正し笏を把って、営中に候ず。（中略）羽林、重ねて名字を問ふのところ、名謁せず。（『吾妻鏡』寿永元年〔一一八二〕五月十六日条）

関東御家人、（中略）件の名字を一紙に載し（『吾妻鏡』文治元年〔一一八五〕四月十五日条）

甘縄の辺の土民、(中略)戸を叩きて、この男の名字を喚ぶ者あり。(『吾妻鏡』文治元年十二月二十八日条)

行光、これを見て、轡を廻らして、その名字を問ふ。(『吾妻鏡』文治五年八月九日条)

姓名を注すべしとはいへども(中略)名字を漏らさる輩の子孫は(『吾妻鏡』文治五年十一月七日条)

泰衡が幼息、(中略)かの名字、若公と御同名たり。(『吾妻鏡』文治五年十一月八日条)

二品、すなはち彼の名字を胤信に問はしめたまふ。(『吾妻鏡』文治五年十一月十七日条)

男一人を搦め取る。これ反逆の余党の由を自称す。景時、名字を問ふ。(中略)故伊豆右衛門尉の家人、前右兵衛尉平康盛なり。(『吾妻鏡』建久二年(一一九一)十一月十四日条)

景良等、名字を問うのところ、(中略)三浦次郎との由、(『吾妻鏡』建久三年七月二十六日条)

御名字定めあり。千万君と云々。(『吾妻鏡』建久三年八月九日条)

件の三十二人の名字、御書の端に載せらる。(中略)頼秀浅海太郎、同舎弟等 公久橘六 光達新三郎(『吾妻鏡』元久二年(一二〇五)閏七月二十九日条)

和親、もと朝の字なり。美作蔵人朝親と名字着到の時、混乱するの間、これを改む。(『吾妻鏡』承元三年(一二〇九)八月十三日条)

名字を差して質券に入るるの上は、その所、知行の仁、沙汰を致すべし。(『吾妻鏡』宝治二年(一

二四八〕七月十日条）

『吾妻鏡』には他に十例ほどあるが、省略する。多くは単なる〝名乗り〟の意味であり、なかには幼名などの実名（個人名）を指していることもあるが、その底には知行している領地の地名という意味が看取される。

南北朝、室町期には、「名字」の事例はあまりにも多い。

御伴の人々の中に、名字さりぬべからんずる人（『太平記』五、「大塔宮、熊野落事」）

近き傍りに左様の名字付きたる者あり（『太平記』三、「主上御夢事」）

其上執筆何者哉。可差名字（暦応四年〔一三四一〕「東寺百合文書」は、『大日本古文書』一、一二八）

云当家名字、云如形所帯、永所令譲与男（応永二十二年〔一四一五〕卯月二十九日付「榺木文書」）

可続彼名字他人事。故彦太郎殿之可背素意之間、三郎新発意仙良房、可続名字（応永三十三年十一月二十六日付「高野山文書」、『大日本古文書』四、六二二）

不定給主領所名字、悉皆為院内、致沙汰之処、（中略）自今以後、如元不可定預所名字事（応永十二年六月付「高野山文書」、『大日本古文書』四、一七〇）

当此時、対逆等等、可断絶名字事（『新撰長禄寛正記』）

以上の実例が示すように、古代、中世には「苗字」と書くことはほぼ皆無で、ほぼすべてが「名字」という文字を用いている。その意味するものもさまざまであるが、中世に入れば多くは武士の名乗りであった。

しかし江戸時代に入っても、「名字」と書いた例は散見される。しかし多くは、狂言、謡曲あるいは読本においてだった。

かたがたの御名字は、いや名もなひ者でござる（狂言「入間川」）

おん志しにより、寒さを忘れて候。いかに申すべき事の候。さて御名字を何と申し候ぞ（謡曲「鉢ノ木」）

こはいかにと罵り騒げど、既に縡断（こときれ）たれば、名字を問はんよすがもなし（読本『椿説弓張月』残、六十八回）

後述するように、江戸時代には、一般に「苗字」という文字が用いられていた。その江戸時代に、古代、中世を扱った狂言、謡曲、読本などで、「名字」という文字が用いられたのである。江戸時代の人々が、この「名字」という文字に、古めかしさを感じたのであろうことが、推察されるのである。いずれにしても古代末期から中世における武士領主の社会で、「名字」というものが行なわれたのである。平安時代に京都の公家社会で、住所に由来した「称号」から発展した「名字」が、武家社会に影響を与えたものといえる。

しかし公家社会での「名字」は、基本的に〝住所〟の地名だった。しかし武家社会での「名字」は、〝住所〟の地名というわけではなかった。本質的には〝領地〟、あるいは〝本領〟の地名に由来したのである。

そのような意味で、武家の名字のもとになった領地のことを、「名字ノ地」という。これを武家は〃一所懸命ノ地〃として、生命がけで守ろうとしたのである。

武家の名字が最初に見られるのは、『今昔物語』かも知れない。たとえば平良文が「村岡五郎」と名乗って、嵯峨源氏の箕田(みた)源次充(みつぐ)と戦ったという挿話がある。

良文の名字「村岡」のもとになった「名字ノ地」については、三説ある。

埼玉県熊谷市村岡
神奈川県藤沢市村岡
茨城県千代川村字村岡

「箕田」については、二説である。

埼玉県鴻巣市箕田
東京都港区三田

将門ノ乱の頃にも、いくつかの名字が見られる。平将門自身は「相馬小次郎」で、藤原秀郷が「田原藤太」だった。それぞれの「名字ノ地」は、下総国相馬郡(沼南町、我孫子市、野田市、流山市、柏市)と、相模国田原郷(秦野市東、西田原)に比定されている。

前九年合戦を扱った『陸奥話記』にも、いくつかの例が見られる。平永衡(ながひら)が「伊具十郎」、藤原経清が「わたり（亘理）の権太夫」と名乗ったのは、それである。

それぞれの「名字ノ地」は、陸奥国伊具郡（宮城県丸森町、角田市）と、下総国亘理郷（佐倉市臼井）か、陸奥国亘理郷（福島市渡利）であろう。

前九年合戦では源氏方将兵よりも、出羽国から途中で来援してきた清原氏の軍勢に、より多くの名字が見られる。その名乗りと正規の名前と名字ノ地を列挙すると、次のようである。

志万太郎（橘貞頼）――→山形県寒河江市島
荒川太郎（吉彦秀武）――→山形県本庄市荒川
新方二郎（橘頼貞）――→山形県酒田市新片
貝沢三郎（清原武道）――→秋田県羽後町貝沢
斑目四郎（吉美侯武忠）――→不明

『奥州後三年記』にも、いくつかの例がある。たとえば「鎌倉ノ権五郎景正」「三浦ノ平太郎為次」である。それぞれの名字ノ地は、もちろん相模国鎌倉郡（鎌倉市など）と同三浦郡（三浦市、横須賀市など）である。

## 東国武士の名字と名字ノ地

とにかく名字は、便利だった。源平藤橘あるいは大伴、蘇我、物部など、古来の姓名だけでは、あまりにも人数が多くて、相互に区別がしにくいのである。この点、名字は互いに他と識別するのに便利である。だから武家社会における名字呼称は、十世紀に開始されると、すぐに普及した。

しかし普及した理由は、それだけではなかった。名字のもとであった「名字ノ地」は、本人あるいは先祖が、生命がけで開発した領地だった。その地名を名字として名乗るということは、自分が領主であるということを誇示することでもあり、当然のことながら名字は神聖でさえあったのである。

こうして十二世紀に入って源平合戦が始まった頃、東国の武家領主たちは、みな名字を名乗っていた。すべての名字は、領地の地名あるいは領地での役職名に、由来していた。以下は、その主要な例である。

桓武平氏流では、相模国三浦郡に由来した三浦氏、同じく鎌倉郡の鎌倉氏、上総国の上総氏、下総国千葉荘（千葉市）の千葉氏、武蔵国秩父郡（秩父市など）の秩父氏、伊豆国北条郷（韮山町寺家）の北条氏、常陸国の常陸大掾氏などがあった。

清和源氏の庶流も、すでに名字を持っていた。常陸国佐竹郷（常陸太田市佐竹町）の佐竹氏、同じく常陸国の信太(しだの)荘（美浦村、江戸崎町、土浦市など）を「名字ノ地」とする信太（信田、志太(しだ)とも）氏、上野国新田荘（新田町、太田市）の新田氏、下野国足利荘（足利市）の足利氏などである。

甲斐源氏の武田氏は、やや変則である。その名字ノ地は甲斐国にはなく、常陸国武田郷（勝田市武田）が名字ノ地だった。新羅三郎義光の子義清、孫清光が武田郷を領して武田という名字を名乗っていたが、大治五年（一一三〇）十二月、義清が甲斐国市河荘（市川大門町）に配流されたとき、もとの名字をそのまま持ち込んだのである。

秀郷流藤原氏も、東国には多い。相模国波多野荘（秦野市）の波多野氏、同山内荘（鎌倉市山之内）の山内氏、下野国足利荘（足利市）の藤姓足利氏、同小山荘（小山市）の小山氏などがある。

下野国宇都宮大明神の座主でもあった宇都宮氏は、藤原氏北家流だった。また藤原氏南家の惟幾（これちか）の子為憲は、朝廷に仕えて木工助（もくのすけ）だったので、〝木工助藤原氏〟ということから、名字を工藤と名乗った。

なお陸奥国平泉（平泉町）に本拠を置いた秀郷流藤原氏は、奥州藤原氏と称して、ついに名字は名乗ってはいない。

以上のように、名字は名字ノ地に由来した。そして惣領家が所領の一部を庶子家に分与すると、その地名が庶子家の名字になった。

たとえば、三浦氏である。三浦義明の長男義宗は、鎌倉に杉本城（鎌倉市二階堂、杉本寺）を築いて、杉本太郎と名乗った。その長男義盛は、相模国和田郷（三浦市初声町和田）を領して、和田小太郎と名乗った。その三男義秀は、武蔵国朝夷那（横浜市金沢区朝比奈町）を領して、朝夷那三郎と称している。

同一人物であっても、名字が変わることがある。その本領が、変わったからである。

武蔵国小山田荘（町田市）の領主だった秩父氏の重成は、もとは小山田三郎だった。のち頼朝から武蔵国稲毛荘（川崎市中原区）を拝領すると、以降、稲毛三郎と名乗っている。

また下野国小山荘の領主小山氏の七男だった朝光は、もともとは小山七郎と名乗っていた。これまた頼朝から下総国結城郡（結城市）を拝領すると、以降、結城七郎と称している。

（三浦）義明
- （杉本）義宗 ― （和田）義盛 ― （朝夷那）義秀
- （三浦）義澄
  - （山口）有継
  - （三浦）義村
    - （林）朝村
    - （三浦）泰村
- （大多和）義久
- （長井）義秀
- （杜）重行
  - （杜）義茂
  - （大井）朝義
- （佐原）義連
  - （佐原）景連
  - （真野）胤連

（津久井）義行 ― （矢部）為行

（二宮）義国
（平塚）為高
（芦名）為清―（石田）為綱
（岡崎）義実―（佐奈田）義忠

東国武士の庶子家の分流の様相と、それぞれの名字と名字ノ地について、相模三浦半島を本拠とした大族三浦氏を例にとってみると、次のようである。

三浦（三浦郡――三浦半島）
津久井（津久井――横須賀市津久井）
矢部（矢部郷――横須賀市大・小矢部町）
芦名（芦名郷――横須賀市芦名）
佐原（佐原郷――横須賀市佐原）
長井（長井郷――横須賀市長井）
林（林郷――横須賀市林町）
大多和（大多和郷――横須賀市大田和）
山口（山口郷――葉山町上・下山口）
秋庭（秋庭郷――横浜市戸塚区秋葉町）

舞岡（舞岡郷――横浜市戸塚区舞岡町）
朝夷那（朝夷那郷――横浜市金沢区朝比奈町）
杜（森郷――横浜市磯子区森町）
和田（和田郷――三浦市初声町和田）
杉本（杉本城――鎌倉市二階堂、杉本寺）
平塚（平塚郷――平塚市平塚）
佐奈田（佐奈田郷――平塚市真田町）
岡崎（岡崎郷――平塚市と伊勢原市の岡崎）
石田（石田荘――伊勢原市石田）
二宮（二宮荘――二宮町）
安西（安房国西部――千葉県富浦町）

大族三浦氏の惣領家は、何故か、次男の系統と一致する。そして惣領家だけが、三浦を名乗っている。

庶子家は基本的に、一郷ずつを分与されていたらしい。ときには一荘単位のものもあり、それぞれは郷名あるいは荘名を、名字としている。

やや似ているのが、鎌倉権五郎景正を始祖と仰ぐ鎌倉党である。惣領の大庭景親が大庭御厨全体を支配し、庶子家は大庭御厨内の郷を分領されて、その郷名を名字にしているのである。表示すると、次のようである。

大庭（大庭御厨——藤沢市大庭）
俣野（俣野郷——横浜市戸塚区俣野町）
長尾（長尾郷——横浜市戸塚区長尾台町）
殿原（殿原郷——茅ヶ崎市矢畑町）
香川（香川郷——茅ヶ崎市香川）
懐島（懐島郷——茅ヶ崎市円蔵町）
梶原（梶原郷——鎌倉市梶原）
荻野（荻野郷——厚木市荻野）
長江（長江郷——葉山町長柄）

もともと武蔵国秩父郡（秩父市）の郡司家だった秩父党も、桓武平氏の庶流である。武蔵国がもともと未開だったせいか、その庶子家はきわめて広域に分布し、その名字ノ地も広大で、ほとんど一荘単位の広さだった。

畠山（畠山荘——埼玉県川本町畠山）
河越（河越荘——埼玉県川越市）

江戸（江戸郷――東京都千代田区）
豊島（豊島荘――東京都北区豊島町）
葛西（葛西御厨――東京都葛飾区）
小山田（小山田荘――東京都町田市）
小沢（小沢郷――東京都稲城市）
榛谷（榛谷御厨――神奈川県横浜市保土谷区）
稲毛（稲毛荘――神奈川県川崎市中原区）

未開の地が多かった武蔵国でありながら、きわめて狭少の地に一族が集中していたのは、武蔵七党のうちの野与党である。桓武平氏の庶流というが、ほとんどが旧埼玉郡内に固まっていた。

鬼窪（埼玉郡鬼窪――白岡町）
萱間（埼玉郡萱間郷――菖蒲町）
道智（埼玉郡道智――騎西町道地）
多賀谷（埼玉郡多賀谷郷――騎西町田ケ谷）
渋江（埼玉郡渋江郷――岩槻市渋江）
箕勾（埼玉郡箕勾――岩槻市箕輪）
金重（埼玉郡金重村――岩槻市金重）

野島（埼玉郡野島――越谷市野島）
大蔵（比企郡大蔵郷――嵐山町大蔵）
柏崎（比企郡柏崎――東松原市柏崎）
高柳（葛飾郡高柳郷――栗橋町高柳）

同じく武蔵七党のうちの村上党も、一例をのぞくと、他はすべて旧入間郡内に固まっている。

金子（金子郷――入間市金子）
宮寺（宮寺郷――入間市宮寺）
山口（山口郷――所沢市山口）
大井（大井郷――大井町）
仙波（仙波荘――川越市仙波町）
村上（多摩郡村上郷――武蔵村山市）

## 御門葉と准門葉

十二世紀の頃までには、源、平および藤原の三氏から出て武士化した家系は、それぞれに東国の原野に土着して、所領の地名をとって名字とした。そのうちの若干の例は、先述してある。

そして十二世紀の後半、源平合戦が起こった。この合戦は日本の歴史に大きな役割を果たしただけではなく、名前の歴史にも大きく関係している。

史上、〝源平合戦〟という。たしかに敵味方両軍の首将は、源頼朝と平清盛（後半では平宗盛）だった。首将というレベルだけでいえば、間違いなく〝源平合戦〟だった。

しかし源頼朝あるいは源範頼、源義経の指揮下で戦った東国武士の多くは、もともとは桓武平氏の庶流だった。北条、畠山、千葉、上総、三浦などである。

このような意味からいえば、この合戦は〝源平合戦〟ではなく、〝平平合戦〟というべきだった。

東国土着の平氏庶流が、源氏を首将に擁立して、平氏の本宗家と戦ったのである。

また、源氏軍の領袖たちの行動も、きわめて不審だった。平氏を共通の敵としながらも、一致して事にあたるということはせず、ときには味方であるはずの頼朝に対してすら、鉄面皮にも反抗している。

常陸源氏の佐竹氏は、頼朝に臣従しなかったので、頼朝に攻められている。上野源氏の新田義重は、石橋山での平氏の勝利を京都の清盛に通報し、上野国寺尾城（高崎市寺尾町）に兵を集めて、頼朝に敵対する構えをとったことがある。

頼朝の叔父信太（しだの）義広は、鎌倉を襲撃しようとして、下野国野木宮（野木町）で頼朝方の迎撃に遭って敗れると、すぐに木曽義仲の軍に馳せ加わっている。木曽義仲が、終始、頼朝に敵対したことは、いまさらいうまでもないだろう。

その木曽軍と同盟した者に、これまた頼朝の叔父だった新宮十郎行家がある。富士川合戦では頼朝軍の先陣だった甲斐源氏の武田信義、安田義定などは、木曽義仲が京都を占領したとき、その指揮下に入っている。

このように源氏の領袖たちは、なかなか頼朝に臣従しようとはしなかった。この点では、頼朝の厳命に背いて後白河法皇から官位を拝領した義経も、いわば同様だった。

京都を占領していた木曽義仲にいたっては、一時期、平氏に降伏しようとしたことすらある。源氏一族における覇権を握ることの方が、平氏打倒よりも重要だったのである。

源氏の領袖たちは、基本的には平氏を敵とはしていた。しかしそれにもまして、源氏一族における覇権の方が、より重要だったのである。このような意味において、いわゆる源平合戦は、一面において源氏一族における覇権の争奪戦でもあった。

このような情況の下で、頼朝がとった政策のひとつが、源姓呼称の制限だった。頼朝自身と頼朝が許可した一定の者の系統以外には、「源」姓呼称を禁じたのである。これを、御門葉ノ制という。

一ノ谷合戦終了後の元暦元年（一一八四）五月二十一日、頼朝は京都朝廷に一通の書状を提出した。

「源氏一族のうち、範頼、広綱、義信の三人、よろしく一州の国司たるべし」

直後の同年六月五日、京都朝廷で小除目（じもく）が行なわれた。頼朝の異母弟の蒲冠者範頼が三河守、故源三位入道頼政の五男太田広綱が駿河守、そして新羅三郎義光の孫大内義信が武蔵守に任じられた。直後の二十日、その除書が、鎌倉に届けられた。

続いて平氏滅亡後の文治元年（一一八五）八月十六日、頼朝が朝廷に国司として推挙した源氏の五人に対する小除目が、京都で行なわれた。

上野源氏新田氏の庶流山名義範が伊豆守、さきに武蔵守に任じられた大内義信の子惟義が相模守、下野源氏の足利義兼が上総介、甲斐源氏の加賀美遠光が信濃守、同じく甲斐源氏の安田義資が越後守に、それぞれ任じられたのである。

なお同時に義経も、伊与守に任じられている。鎌倉幕府の半公的記録である『吾妻鏡』は、義経についても頼朝の推挙があったとしている。しかし前後の事情から見て、これは嘘である。後白河法皇が頼朝の推挙なしに、義経を伊与守にしたのである。『吾妻鏡』はことを糊塗するために、頼朝の推挙があったとしたのである。

いずれにしても、この人たちにとっては、非常な名誉であった。『尊卑分脈』などの諸系図では、これらの人々の項に、「平氏追討　源氏受領六人の内」(五)と記されていることからも、そのことが窺われる。

これが御門葉ノ制である。

清和源氏の血筋のうちから、しかるべき者を頼朝が選んで、京都朝廷に国司として推挙するのである。

ちなみに頼朝が国司を推挙する権限を持つ国を、関東御知行国という。三河、駿河、武蔵、伊豆、相模、上総、信濃、越後のほかに、豊後があった。そして義経が任じられた伊与は、頼朝の知行国ではなく、後白河法皇が、その権限を持つ知行国主だった。この点から見ても、義経の伊与守補任には、頼朝の推挙があったとは思われない。

いずれにしても、清和源氏の血筋であって、頼朝の推挙を得て、京都朝廷から関東御知行国の国司に任じられた者が、御門葉である。成立した直後の鎌倉幕府では、名誉に満ちた特権をいくつか持つ。小さいことでは、家政機関としての政所（まんどころ）を、自家に設置できるということがある。さらに必ずしも政所を設置しなくてもよいが、東国武士相互に書状をやりとりするとき、差出人を「足利政所」などと書いてもよい。

ちなみに律令制度では、四品以上の親王家と三位以上の家格のものにしか、政所設置は許されない。頼朝ですら、平氏滅亡直後の文治元年（一一八五）四月二十七日、従二位に昇叙されて政所を創設して、これを従来からの公文所の上に置いている。

ところで文治元年九月三日、京都から届けられた故義朝の首が、鎌倉の勝長寿院に葬られた。鎌倉を挙げての盛大な儀式となった。このとき首をのせた輿を担ったのは、大内武蔵守義信と森冠者頼隆だった。他にも供奉人は多かったが、勝長寿院の正門から境内に入るのを許されたのは、前記の二人のほかは、大内相模守惟義だけだった。

義信、惟義の大内父子が、この名誉を得たのは、もちろん御門葉だったからである。御門葉ではない森頼隆が、この名誉を与えられたのは、彼が清和源氏の血筋であって、平治ノ乱に彼の父義隆が義朝の楯となって戦死したからである。いわば准門葉だった。

直後の同十月二十四日、勝長寿院の落成式が挙行された。数百人の御家人を率いて、頼朝は式場に臨んだ。そのときの行列で、頼朝の直後の位置が許されたのは、次の人々であった。

蔵人大夫大内頼兼　武蔵守大内義信　三河守源範頼　遠江守安田義定　駿河守太田広綱　伊豆守山名義範　相模守大内惟義　越後守安田義資　上総介足利義兼　前対馬守源義光

このうち御門葉でないのは、最初の頼兼と、末尾の義光だけである。ともに清和源氏の血筋で、頼兼は故三位入道頼政の四男で、すでに蔵人大夫という官職を帯びており、義光は前対馬守だった。御門葉に准ずる扱いを、二人は受けたのである。

この種の例は、きわめて多い。幕府で公式的な行事が行なわれるごとに、名誉ある待遇を与えられたのである。これが、御門葉だった。いわば武家の幕府における貴族といってもよい。

御門葉に与えられた名誉ある特権のうち、最高のものは、「源」姓呼称が許されたことだった。まさに名誉だった。頼朝から同族としての扱いを、与えられたのである。

前述の頼朝の行列における席次を記したさい、大内、安田、太田、山名などの名字で記したが、これは便宜上からである。幕府の半公的記録である『吾妻鏡』では、すべて「源」姓呼称が用いられている。

なお頼朝は、准門葉というランクも設けていた。血統的には清和源氏の血筋ではないが、御門葉とほぼ同格の待遇が与えられるのである。

これには、二種があった。頼朝の推挙があって国司に任じられた者と、そうではない者とである。前者の代表的な例が、毛呂(もろ)豊後守季光である。藤原姓で、武蔵国毛呂郷(毛呂山町)の小領主だった。まだ頼朝が、伊豆の流人だった頃である。なにかの手違いがあって、頼朝の食膳にのぼすものが切れた。頼朝の世話をしていた下人は、あわてて近所の領主に、米などを借りようとした。しかし平氏全盛の頃である。誰も貸そうとはしなかった。

下人は一軒ずつ一軒ずつ、豪族、士豪の館を訪ねては、食料を乞うては断わられ、また別の館を訪れては、また断わられた。そしてついに、武蔵国毛呂郷まで来てしまった。

小土豪にすぎない毛呂季光の館の前に立ったとき、

「ここも同じだろう」

と、下人は思ったに違いない。しかし念のため、来意を告げてみた。

奇跡が起こった。源氏である頼朝の下人であると名乗ったにもかかわらず、平氏の威勢をも怖れずに、季光は充分すぎるほどの物を、頼朝のもとに送り届けてくれたのである。

そして今、平氏は壇ノ浦で滅んで、頼朝は関東御知行国を得た。頼朝が国司を朝廷に推挙できる国々である。すべてで九カ国あった。そのうち八カ国分は、すでに前記の御門葉に与えてある。残っていたのは、豊後一国だった。

文治二年（一一八六）二月二日、鎌倉の頼朝から、一通の書状が京都朝廷に送られた。

毛呂太郎藤原季光、国司たるべきのこと。これ前大宰権帥季仲卿の孫なり。心操もっとも穏便にして、賢慮に相叶う者なり。かたがた理運たるの間、関東御知行国たるにつき、豊後守に推挙するものなり。

やがて同五月、京都朝廷は除書を発して、正式に季光を豊後守に任じた。直後の六月一日、季光は酒肴などを携えて、鎌倉に馳せつけた。そして満面に喜悦の情を漲（みなぎ）らせて、頼朝に御礼を言上している。

これが、准門葉である。頼朝が同族の待遇を与えた御門葉と、同格の扱いをされるのである。まさに名誉だった。

ちなみに頼朝は、国司を推挙できる九カ国分を、これで使いきってしまった。だから他の准門葉には、国司号は与えられなかった。それでも御門葉に准ずる待遇が与えられるのだから、きわめて名誉であることには変わりない。

毛呂季光以外で准門葉になったのは、頼朝の乳母寒河尼の子で、頼朝の名付子で「朝」の字を拝領した結城七郎朝光と、この時期の日本で第一番の弓の名人だった下河辺荘司行平の二人である。ともに秀郷流藤原氏末流で、下野小山荘（小山市）の領主小山氏の庶流だった。

それにしても頼朝が御門葉ノ制を創始したとき、なにを参考にしたのだろうか。なにもないところから、頼朝が案出したとは、とうてい思われないのである。

天皇家が持っていた賜姓、改姓、奪姓の権能は、頼朝の念頭にあったかも知れない。藤原氏の氏長者が有していた放氏、継氏の権能も、やはり知っていたに違いない。

京都朝廷から遠く離れた東国に、半独立の武家政権を創始した頼朝である。天皇家や摂関家がふるった権能を、模範としたということは、当然、考えられる。

そして頼朝の時代、賜姓源氏諸流の上に立つ源氏の氏長者は、村上源氏の土御門通親であって、頼朝ではない。このようなことから、公卿流の源氏の氏長者の地位には通親が立つにしても、武家流の清和源氏だけは賜姓源氏諸流のうちから自立させて、その氏長者というべき地位に、頼朝は立とうと考えたのではないだろうか。

なお壇ノ浦で滅んだ平氏一門は、全員が「平」姓を名乗っていて、「平」姓呼称には、なんの制限もなかった。全員が京都朝廷に仕えて官職を与えられていたのだから、皇称としての姓名を名乗ることは、あまりにも当然であった。

しかし頼朝は、京都朝廷から自立して、鎌倉に自分の政権を樹立しようとしていたのである。その頼朝には、平氏のやりかたは、まったく模範にはならない。

とすれば、ひとつだけ考えられるのは、奥州藤原氏である。最終的には頼朝に滅ぼされたものの、清衡、基衡、秀衡、そして泰衡と、すくなくとも四代までは続いている。

その奥州藤原氏では、宗家の家督を嗣いだ系統だけは「藤原」姓を名乗るが、その他の庶家は、すべて名字を名乗ったのである。

結局は滅び去ってしまった奥州藤原氏については、その詳細は判らない。辛うじて管見に入った奥州藤原氏庶流の名字と名字ノ地と推定されるものは、次のようである。

西城戸（にしきど）（西木戸、錦戸）太郎国衡
　西城戸（柳御所の西門前――岩手県平泉町）
比爪（ひづめ）太郎俊衡
　比爪（比爪――岩手県紫波町日詰（ひづめ））
新田冠者経衡
　新田（新田――岩手県紫波町日詰字新田）
太田冠者師衡
　太田（太田――岩手県沢内村字太田）
河北冠者忠衡

河北（河北――宮城県若柳町河北）
本吉冠者高衡
本吉（本吉――宮城県本吉町）
和泉冠者忠衡
和泉（不明）
大国（不明）

奥州藤原氏の「藤原」姓呼称に、なんらかの制限があったかどうか、今となっては判然とはしない。しかし庶流が名字を名乗り、本宗だけが「藤原」と名乗っているということは、とにかく事実である。そして頼朝が施行した御門葉ノ制に、奥州藤原氏で見られた事実が、きわめて酷似しているというのも、また確かな事実ではある。

## 姓名呼称の制限

頼朝が施行した御門葉ノ制は、「源」姓呼称の制限であった。御門葉の列に入れられた者だけが「源」姓呼称が許され、それに洩れた者は、「源」姓が名乗れなくなったのである。

この御門葉ノ制に完璧なまでに違犯したのが、義経だった。

頼朝が推挙もしなかったのに、検非違使、左衛門尉に任官し、さらに伊与守に昇任した上、頼朝から名字ノ地にするべく所領二十四カ所も与えられたのに、最後まで名字を名乗ることなく「源義経」であり続けたのである。

その結果としての悲惨な末路は、あまりにも有名である。しかし京都から遥か離れた東国に武家政権を確立しようとしていた頼朝には、それほどまでに御門葉ノ制は重要な政策だったのである。

なお頼朝には、もう一人、弟がいる。範頼である。

その範頼は、壇ノ浦合戦直後の文治元年（一一八五）四月、九州から鎌倉に書状を書き送った。去年六月に任じられたばかりの三河守を辞任したいと、頼朝に願い出たのである。義経が頼朝の推挙なしに伊与守になるのは、この直後のことであった。

京都朝廷から拝任した官職を辞すのに、事務手続きは、鎌倉で行なわれたのである。範頼が兄頼朝の顔色を気にしていたことが、よく現れている。

三河守を辞任してからの名乗りは、もともとからの蒲冠者に戻った。所領である遠江蒲御厨（浜松市神立町、大蒲町）を名字ノ地として、「蒲」を名字にしたのである。

これほどまでに小心翼々としていたのが、範頼だった。しかし、それでも失敗した。

建久四年（一一九三）五月、富士の裾野で、曽我兄弟の事件が起こった。定かならぬ急報が鎌倉に届き、北条政子は夫頼朝の安否を気づかった。

このとき鎌倉にいた範頼は、政子を慰めるつもりだったのだろう、次のように喋ってしまったのである。

「範頼こそ、さて候えば、御代には何事か候べき」

曽我兄弟事件の後始末がほぼ済んだ同八月になって、この一言が問題となった。範頼に謀叛心があると、頼朝から疑われたのである。

これを知った範頼は、すぐに起請文を書いて、頼朝に提出した。自分にかけられた疑念を、晴らそうとしたのである。

所詮、今といい、後といい、君に不忠のこと、あるべからず。

このような文章は、頼朝からかけられた疑念を、充分に晴らすものと思われた。かつて義経は、飽くまでも頼朝を兄と見做して、腰越状を書いた。しかし範頼は頼朝を主君と仰ぎ、自分を頼朝の一家臣と規定していた。

しかし、末尾が悪かった。提出者として自署したとき、範頼は「前三河守源朝臣」と書いてしまったのである。

もちろん頼朝は、これを見逃さなかった。

「『源』の字を載す。もしくは御門葉たるの義を存ずるか。すこぶる過分なり」

すでに範頼は、三河守ではない。自分から申し出て、辞任していたのである。当然、もはや御門葉ではない。にもかかわらず、範頼は「源」姓を名乗っている。分を過ぎた振る舞いではないか。

頼朝が咎めたのは、このようなことだった。しかし範頼の起請文を持ってきた使者には、この点は判らなかった。

「前三河守殿は、故左馬頭殿（義朝）の御子息なり。御舎弟たるの儀を存ずるは、もちろんのことなり。かつて平氏討伐の御代官として上洛せらるるのとき、

『舎弟範頼、追討使たるべし』

と、鎌倉殿御自身、書き記されたり。『源』姓を称されつること、まったく狼藉にあらず」

範頼の使者は、まったく見当違いをいったのである。これに対して頼朝は、なにもいわなかったという。

いずれにしても、直後に若干のことがあって、結局、範頼は伊豆に流され、やがて誅殺された。

続いて誅殺されたのは、甲斐源氏武田党の領袖の一人、安田義資だった。頼朝の推挙があって越後守に任じられていたから、れっきとした御門葉の一人だった。

事件があったのは、建久四年十一月、範頼事件の直後だった。頼朝が建立した鎌倉永福寺（ようふくじ）の落成式にさいして、列席していた幕府の女官に、義資が艶書を送ったのである。

ちなみに幕府の女官に艶書をおくるというのは、決して悪いことではない。頼朝の義弟北条義時が、一年越しに比企氏の娘姫ノ前（ひめのまえ）に艶書を送り続けたことがある。このとき頼朝は、自分から買って出て、

仲人の役をつとめている。

この事実が示すように、幕府の女官に艶書を通ずるということは、それ自体では決して悪いことではない。

しかし安田義資の場合、場所柄が悪かった。幕府の公式行事としての永福寺の落成式というときに、御門葉であるという身分も弁えずに、ということが頼朝の忌諱（きき）に触れたのだろう。

しかし根元は、別にあった。

足かけ六年間に及ぶ源平合戦の前半の約三年間、源平両軍ともに攻勢に出ようとしなかったので、一種、睨み合いのような状態が続いた。

このとき両軍の境界線になったのが墨俣川で、その西岸の美濃国が平氏側で、東岸の尾張国から以東が、源氏方の勢力圏だった。その最前線にいたのが源行家だったが、彼は頼朝に臣従しようとはしなかったから、尾張国は頼朝方の勢力圏とはいえない。

そのような意味では、頼朝方勢力圏の最前線は、遠江国ということになる。治承四年（一一八〇）十月の富士川合戦の直後、その遠江国の守護に頼朝が任じたのは、義資の父安田義定だった。頼朝軍の前衛ともいうべき立置である。名誉であるという以上に、責任は重大だった。

源平両軍の睨み合いが破れたのは、寿永二年（一一八三）七月だった。平氏が都落ちした後を追って、北陸道から木曽義仲が入京したのである。

このとき東海道の源氏方勢力圏の最前線にいた源行家は、義仲と相呼応して軍を京都に進めた。尾張国は、一種の真空状態になった。そして遠江国守護だった安田義定とその子義資は、その真空に吸い込まれるようにして尾張国に侵攻し、そのまま京都にまで入ってしまったのである。

頼朝から託されていた遠江国守護という責務は、事実において放棄された。それどころか安田父子は、木曽義仲側についたことになる。見方によっては、裏切りといえなくはない。

その後、木曽義仲の没落と同時に、ふたたび安田父子は頼朝方に帰属し、直後の一ノ谷合戦では須磨・明石方面を担当して、それなりに功があった。

向背定かならぬ安田父子である。頼朝が心底から信頼するなど、あるはずがなかった。そして今、幕府の公式行事にさいして、義資が不埒な所行に及んだのである。この好機を、頼朝が見逃すわけはなかった。その翌日、義資は鎌倉で斬首された。

その次は、義資の老父安田義定だった。息子義資が斬刑されたことを、諸方に歎いてまわったということで、翌年に誅殺されたのである。

ちなみに安田父子は、一時的ではあったが、木曽軍加担という前科があった。そして父義定は、これに倍加する罪を犯していた。義仲とともに在京していたとき、義仲の推挙を得て、遠江守に任じられていたのである。頼朝が創始しつつあった御門葉ノ制に、真っ向から反抗したということにほかならない。

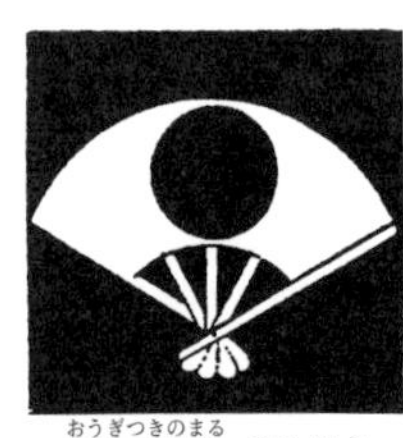
扇に月丸〔佐竹〕

笹竜胆〔高倉・六条・久世〕

御門葉に揚げられた人々が相次いで誅殺されていた間に、御門葉ノ制をさらに明確にするような措置も、この間に行なわれていた。たとえば文治五年（一一八九）の奥州藤原氏征討のさいである。鎌倉を出撃した頼朝直率の本軍は、同七月二十六日、下野国宇都宮を出立しようとした。このとき常陸国の佐竹隆義が、一手を率いて参陣してきた。見ると佐竹軍の旗は、無文の白旗である。頼朝の旗と、同じである。これを頼朝は、咎めた。

このとき頼朝は、満月を絵柄にした扇を手にしていたが、これを隆義に与えた。

「これを汝の旗に付くべし」

これで、源氏の庶流としての佐竹家の旗ができ、やがては佐竹家の家紋にもなる。「扇に月丸」の紋所である。清和源氏の本宗家と御門葉でもない庶流とは、旗印も別でなければならなかったのである。

ちなみに、……

清和源氏の家紋は笹竜胆だと、一般には思われているらしい。間違いである。笹竜胆は高倉、堀川、六条、久世、岩倉、千種など、村上源氏の諸流が用いた。そして清和源氏の本宗家の旗は、文様のない、ただの白布だった。本宗は三代で断絶したため、家紋は成立しなかったらしい。

いずれにしても頼朝は、御門葉ノ制を強力に推し進めた。これに違背した者を誅殺するなど、かなりの荒療治もあえて行なった。そのため、結果は大きかった。

なお御門葉ノ制とは、煎じ詰めれば「源」姓呼称の制限である。御門葉の列に取り立てられた者だけが、「源」姓を名乗ることができる。裏返していえば、御門葉の選に洩れた者は、「源」姓を名乗ることができず、名字を名乗るしかないことになる。

こうして御門葉に選ばれなかったものは、もちろん「源」姓を公称しなくなった。かわって新田、佐竹、武田などと、名字を名乗ることになる。

このような風潮は、やがて御門葉の諸家にまで及んでいく。彼らも正式には、「源」姓を公称しなくなったのである。頼朝が行なった荒療治に、怖れをなしたものらしい。かわって足利、山名、大内、大田などと、これも名字を名乗るのである。

こうして「源」姓呼称は、頼朝の系統のみの独占となる。しかし、それは、永くは続かなかった。頼朝・頼家・実朝と、鎌倉幕府の源氏将軍家は、わずか三代で断絶したのである。

## 本名字、複合名字、新名字

御門葉ノ制によって、清和源氏の庶流家は、「源」姓呼称ができなくなった。かわって彼らは、名字を名乗ることになる。足利・新田・武田・佐竹・大内・大田などである。

社会は、惣領制の時代だった。父から家督と指定された者が父の所領全部を惣領(惣て領)し、そのうちの一部分を一門庶子に分領するのである。

このとき家督を嗣いだ惣領家(本宗)は、従来からの名字を名乗る。足利・新田・武田などである。これは〝本の名字〟あるいは〝本からの名字〟ということで、「本名字」ということができる。

一方、惣領家から一族所領の一部分を分領された一門庶家は、その分領された所領の地名を、新しい名字として名乗ることになる。これは「本名字」に対して、「新名字」ということができる。

このようなことを、新田氏を例にしてみる。

八幡太郎義家の三男義国の長男義重は、保元元年(一一五六)前後の頃、上野国新田荘(笠懸村、新田町、境町、尾島町、太田市)を開発立荘して、「新田」を名字とした。

なお義重の最初の妻は、結婚したとき上野国八幡荘(榛名町、高崎市)を婚資として持ってきたらしい。結果として八幡荘も、新田氏領になっていた。

そして義重の長男太郎義俊は、八幡荘内の里見郷(榛名町上・中・下里見)を分領されて、「里見」を名字とした。「新名字」である。

次男の次郎義兼は、新田氏の家督を嗣いで、新田・八幡の両荘を惣領して、「新田」と名乗った。これが「本名字」になる。

三男三郎義範は、八幡荘内の山名郷（高崎市山名町）を分領地されて、「山名」を「新名字」とした。四男四郎義季は、二十ヵ郷ほども分領されたが、新田荘内の世良田郷（尾島町世良田）に本拠を置いて、「世良田」を「新名字」とした。五男五郎経義は、新田荘内の額戸郷（太田市強戸）に本拠を置いて、「額戸」を「新名字」にしている。

これが、「本名字」と「新名字」である。本宗の名字が「本名字」で、庶家の名字が「新名字」なのである。

庶家の二代目あるいは三代目に、また庶家が成立することもある。里見義俊の跡は長男義成が嗣立して里見を嗣いだが、五男義清は新田荘内の田中郷（新田町上、下田中）を総本宗の新田義兼から分領されて、田中五郎と名乗っている。この場合、「田中」は〝新々名字〟というべきだろうが、一般に「新名字」に区分されている。

義重の四男世良田義季の子の代に、同様のことが見られた。次男頼氏が「世良田」という「新名字」を嗣立して、長男頼有は「得川」という〝新々名字〟を名乗ったのである。この場合も、〝新々名字〟とはいわず、やはり「新名字」という。なお得川頼有の系統の末に、のち徳川家康が現れる。「得川」は新田荘内の得川郷（尾島町徳川）に由来する。

(新田)義重─(里見)義俊─┬(里見)義成
　　　　　　　　　　　　└(田中)義清

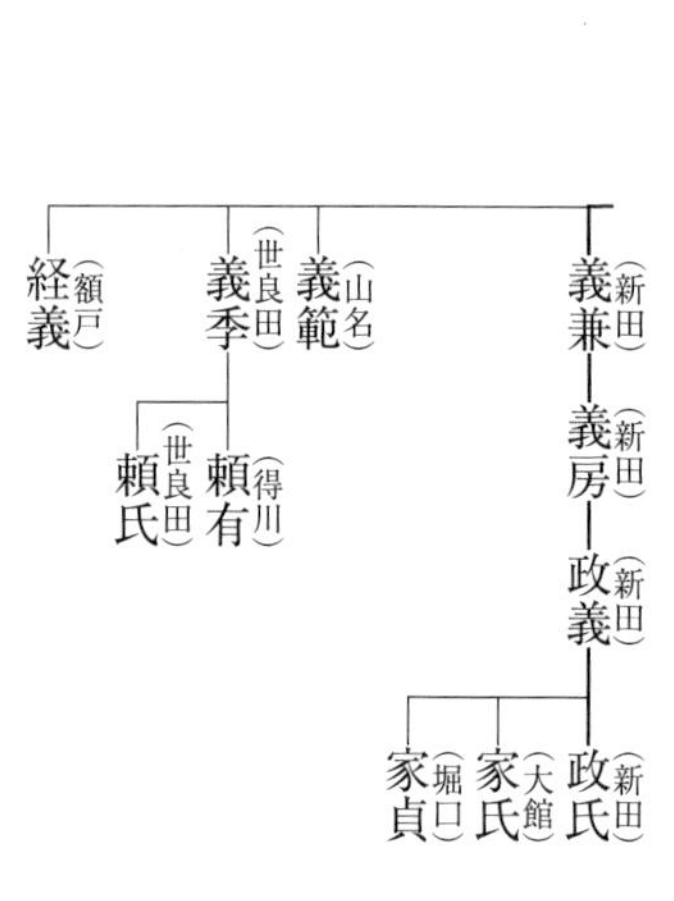


なお新田氏惣領家の家督は、義重─義兼─義房─政義と続いた。義房、政義の二人は、ともに一人っ子だったので、この間に「新名字」を名乗る庶家は、創出されなかった。

しかし政義の子の代に、男子が三人いた。長男政氏は新田氏惣領家の家督を嗣いで、新田又太郎と名乗っている。この間、義重─義兼─義房─政義─政氏と続いた惣領家だけが、「新田」という「本名字」を名乗っていたのである。

そして政義の次男家氏と三男家貞とは、「本名字」を名乗らなかった。それぞれ大館、堀口という「新名字」を、名乗ったのである。なお大館は新田荘内の大館郷（尾島町大館）を、堀口は同荘内の堀口郷（同町堀口）を、それぞれの名字ノ地にしている。

以上のように、「新田」という本名字は、新田氏惣領家の家督だけが独占した。庶流は、それぞれに分領された所領の地名をとって、それを新名字としたのである。そして惣領家、庶子家から代を重ねるごとに分流した者は、いわば〝新々名字〟ともいうべき名字を創出したが、これは〝新々名字〟とはいわず、やはり「新名字」といった。

こうして新田氏の惣領家、庶子家ともに、代を重ねるごとに、新名字が創出されることになる。鎌倉時代に創出された新名字とそれに由来した地は、次のようである。

一井(いちのい)（一井郷――新田町市野井）
江田（江田郷――新田町上・下江田）
金井（金井村――新田町金井）
田高(たこう)（多古宇郷――新田町高尾）
田中（田中郷――新田町上・下田中）
綿打（綿打郷――新田町上田中字綿打）
今井（今井郷――堺町東・西今井）
木島（木島郷――堺町木島）
岩松（岩松郷――尾島町岩松）
大館（大館郷――尾島町大館）
世良田（世良田郷――尾島町世良田）

得　川（得川郷――尾島町徳川）
堀　口（堀口郷――尾島町堀口）
大　島（大島郷――太田市大島）
額　戸（額戸郷――太田市強戸）
高　林（高林郷――太田市高林）
田　島（田島郷――太田市上・下田島）
鳥　山（鳥山郷――太田市鳥山）
由　良（由良郷――太田市由良）
脇　屋（村田郷脇谷村――太田市脇屋）

なお新田氏の場合、他に類例の少ない変則的なことが、二点ほど見られる。庶家の成立にともなう本名字から新名字への移行が、必ずしも直線的ではなかったというのが、その一点である。本名字家（惣領家）から新名字家（庶子家）が析出されて成立したとき、新名字だけを名乗るということをせず、新名字の上に「新田」という本名字を冠して名乗ったのである。新田岩松、新田大島、新田大館、新田堀口などが、それである。「複合名字」と呼ぶことができる。もちろん同族内では、新名字だけで済んだ。しかし他氏と接触したとき、岩松、大島、大館、堀口など、新名字だけでは、帰属関係も判然としない。そのような事情の下に、「新田」という本名字を、新名字に冠するようになったものらしい。

こうして鎌倉時代の新田氏の庶子家は、外部に対しては複合名字を名乗った。しかし新田氏の庶流でありながら、「新田」を冠する複合名字を名乗らなかった系統に、二種あった。里見流と山名流とである。源平合戦勃発直後の情況に、その原因があった。

ちなみに新田氏の初代義重は、保元・平治ノ両乱に参陣することはなかった。それどころか保元二年（一一五七）三月八日、新田荘を正式に立荘したとき、惣領に仰いだのは、花山院流藤原忠雄だった。平清盛の次に太政大臣に就任した人物で、その長男兼雅は、やがて清盛の娘と結婚する。

つまり新田義重は、平氏側だったのである。頼朝が伊豆の流人だったとき、義重は従六位上相当の大炊助（おおいのすけ）に任じられているが、これは平氏から与えられたものだろう。

治承四年（一一八〇）八月には、在京していた。そして頼朝挙兵の報が京都に入ると、すぐに平氏の下知を受けて、東国に下向した。頼朝追討のためである。

しかし義重が東国に帰り着いたとき、すでに頼朝は石橋山で敗れ、山野に逃げ込んでいた。そこで義重は、石橋山合戦の詳報を、すぐに京都に書き送っている。

東国の情勢は、やがて急旋回した。頼朝の勢力が、東国を制圧したのである。止むを得なくなった義重は、同年十二月二十二日、やっと頼朝に降伏している。頼朝の挙兵の時期から算えると、実に四ヵ月の遅刻だった。

その日、偶然が起こった。義重の長男里見義俊の子義成が、鎌倉に走り込んできたのである。頼朝が挙兵したとき、義成も在京していた。大番役だったのである。頼朝挙兵と知って、急いで帰国しようとした。もちろん、頼朝軍に参加しようとしたのである。しかし義成は、平氏に引き留められた。頼朝軍に参加しようという義成の心中は、見抜かれていたのである。

やがて義成は、一計を案じた。

「我れ、東国に下向して、頼朝殿を襲うべし」

欺かれたとも気付かず、平氏は義成の東国下向を許した。そして今、ようやく義成は、鎌倉に走り込んだのである。

義成が語った以上のような報告は、頼朝を激しく感動させた。

「日和見（ひよりみ）を決め込みし祖父義重と、その志、大きく相違せり。以降、我が側近に近侍すべし」

義重を惣領とする新田一族とは別に、里見義成は直接的に頼朝に臣従することになったのである。こうして里見党は、新田一族から一定の自立を達成したことになる。新田一族の支配に、従わなくてもよいことになったのである。

これよりさき義重の三男山名義範も、頼朝に直接的に臣従して、これまた新田一族からの自立を達成していた。父義重が平氏側として行動していたとき、別行動をとっていたのである。確認はできないが、里見義俊の同母弟だったらしい。

こうして新田・里見・山名三家は、鎌倉幕府の御家人制度においては、同格ということになった。里見・山名両家は、新田氏を介して頼朝に仕えるのではなく、直接的に頼朝に仕えることになったのである。

頼朝軍に帰属した順序でいえば、むしろ山名・里見・新田の順になる。やがて頼朝が御門葉ノ制を始めたとき、山名義範が伊豆守に推挙されて御門葉の一人に列せられたのには、このような事情があった。

いずれにしても里見・山名両家は、新田一族から自立していたので、新田里見・新田山名などとは名乗らなかった。それどころか義成の弟義清の系統は、「里見田中」という複合名字を名乗り、義成の嫡孫氏義の弟義秀は、「里見竹林」と名乗っている。いずれも本宗は新田氏ではなく、里見氏なのだと規定したのである。

なお里見流の複合名字には、他に「里見牛沢」「里見豊岡」「里見大井田」「里見鳥山」「里見大島」などがある。それぞれの新名字の地は、次のようである。

竹　林（高林郷――太田市高林）
牛　沢（牛沢郷――太田市牛沢）
大　島（大島郷――太田市大島）
鳥　山（鳥山郷――太田市鳥山）

田　中（田中郷――新田町上・下田中）
豊　岡（豊岡村――高崎市豊岡町）
大井田（越後国大井田城――新潟県十日町市）

なお〝新田山名〟と名乗らなかった山名流では、ついに〝山名――〟という複合名字も現れなかった。南北朝内乱が始まると、里見・山名両系統とも、すぐに北朝方になっている。新田一族であっても、北朝方になる者が多かった。岩松、大館などが、それである。いずれも北朝方になると、「新田岩松」「新田大館」などという複合名字を捨て、単に岩松、大館と名乗っている。

結局、新田一族に特徴的に見られた複合名字は、鎌倉時代だけのものだった。なお桓武平氏の三浦一族に、「三浦和田」「和田高井」など、若干の複合名字が見られたが、とくに顕著なものではない。

宇多源氏の佐々木氏の名字ノ地は、近江国佐々木荘（安土町小脇）だった。本領が京都に近いということもあって、鎌倉幕府が成立すると在京御家人とされた。つねに京都に住むことを、命ぜられたのである。

その結果、嫡流の泰綱の系統は、京都の六角堂（中京区六角烏丸東入堂之前町北の頂法寺）近くに住んで六角流となって「佐々木六角」と名乗り、弟氏信の系統は、京都の東京極大路に面して住んだので、「佐々木京極」と名乗った。南北朝内乱に活躍する佐々木道誉は、京極流である。

なお源平合戦期に有名な佐々木四人兄弟とは異母弟だった佐々木義清の系統は、出雲国に分流土着して、「佐々木古志」「佐々木布志名」という複合名字を名乗った。それぞれ、古志郷（出雲市古志）および布志名郷（玉湯町布志名）を、名字ノ地としたのである。

また肥前国の松浦党では、「松浦相知」「松浦鮎河」「松浦波多」「松浦鴨打」「松浦神田」「松浦三栗」「松浦多久」「松浦佐志」などの複合名字があった。

しかし複合名字の例は、それほど多くはない。武田氏から一条、板垣、安田、小笠原などの新名字が出、北条氏から金沢、赤橋などが出るが、これを〝金沢流北条氏〟、〝一条流武田氏〟などと呼ぶのが通例である。

このうち足利氏を本名字とする足利氏庶流の新名字と、それに由来する地とを表記すると、次のようである。

斯波（陸奥国紫波郡——岩手県紫波町）
石塔（陸奥国石塔村——福島県会津若松市石塔町）
広沢（上野国広沢郷——群馬県桐生市広沢町）
吉田（上野国吉田郷——群馬県富岡市南蛇井）
板倉（上野国板倉郷——群馬県藤岡市緑埜字板倉）
渋川（上野国渋河保——群馬県渋川市）
岩松（上野国岩松郷——群馬県尾島町岩松）

桃井（上野国桃井郷――群馬県榛東村桃井）
加古（下野国加子郷――栃木県足利市窪田）
野田（下野国野田郷――栃木県足利市野田町）
小俣（下野国小俣――栃木県足利市小俣町）
梁田（下野国梁田御厨――栃木県足利市梁田町）
畠山（武蔵国畠山荘――埼玉県川本町畠山）
戸賀崎（武蔵国戸ヶ崎郷――埼玉県三郷市戸ケ崎）
堀越（遠江国堀越郷――静岡県袋井市堀越）
一色（三河国一色村――愛知県一色町）
上野（三河国上野村――愛知県春日井市上野町）
吉良（三河国吉良荘――愛知県吉良町）
今川（三河国今川荘――愛知県西尾市今川町）
仁木（三河国仁木郷――愛知県岡崎市仁木町）
細川（丹波国細川荘――京都府京北町）
矢田（丹波国矢田荘――京都府亀岡市矢田町）

伊豆国北条郷（韮山町寺家）を名字ノ地とした鎌倉北条氏は、惣領家（得宗家）の歴代が鎌倉幕府の執権を歴任したため、きわめて繁栄した。そのため庶子家も多く析出され、結果として新名字もきわめて多く成立した。

鎌倉北条氏一族は、基本的に在鎌倉御家人だった。つねに鎌倉に居住していることになっていたのである。その結果、庶子家の新名字には、鎌倉内の地名が多い。もちろん庶子家の新名字にも、所領の地名に由来するものもあった。いずれも〝——流北条氏〟と呼ばれる。

鎌倉内の居館の所在地の地名を新名字にしたということは、京都の公卿の「称号」にやや似ている。列挙すると次のようである。

赤橋　甘縄（あまなわ）　大仏（おさらぎ）　亀谷（かめがやつ）　極楽寺　佐々目（さきめ）（笹目）　佐介（さすけ）（佐助）　常葉（ときわ）（常盤）　名越（なごえ）　普恩寺

所領の地名に由来したのは、次のようである。

阿曽・阿蘇（肥後国阿蘇郡——熊本県阿蘇郡）
阿曽沼（下野国阿曽沼郷——栃木県佐野市浅沼）
伊　具（陸奥国伊具郡——宮城県伊具郡）
糸　田（豊前国糸田荘——福岡県糸田町）
苽連（うりづら）・瓜連（常陸国瓜連郷——茨城県瓜連町）
江間・江馬（伊豆国江間郷——静岡県伊豆長岡町江間）
淡　河（おうご）（播磨国淡河荘——兵庫県神戸市北区淡河町）

金　沢（武蔵国金沢郷――神奈川県横浜市金沢区）
刈田（陸奥国刈田郡――宮城県刈田郡）
規　矩（豊前国企救郡――福岡県北九州市）
後　閑（上野国後閑郷――群馬県安中市後閑）
桜　田（武蔵国桜田郷――不明）
塩　田（信濃国塩田荘――長野県上田市塩田）
種子島（薩摩国種子島――鹿児島県種子島）
田　伏（常陸国田伏郷――茨城県出島村田伏）

新羅三郎義光の三男三郎義清は、常陸国武田郷（勝田市武田町）を領して、「武田三郎」と名乗った。ところが甲斐国市河荘（市川大門町）に配流された後も、「武田三郎」と名乗り続けた。「武田」という名字を、甲斐国に持ち込んだことになる。甲斐源氏武田党の祖である。

その後の二、三代の間、保元・平治ノ両乱にも参加せず、ひたすら甲斐一国に勢力を扶植することに努めた。そのため一門庶子家が甲斐国に繁栄し、多数の新名字が成立している。

一　条（一条郷――甲府市蓬沢）
板　垣（板垣郷――甲府市善光寺町）
塩　部（塩戸荘――甲府市塩部）

小　松（小松郷―甲府市小松町）
高畠（高畠―甲府市高畠町）
逸見（逸見荘―大泉村逸見山）
吉　田（吉田郷―櫛形町吉田）
小笠原（原小笠原荘―櫛形町小笠原）
甘　利（甘利荘―韮山市旭町）
石禾・石和・伊沢（石禾御厨―石和町）
岩　崎（岩崎郷―勝沼町上・下岩崎）
加賀美（加賀美荘―若草町加賀美）
秋　山（秋山―甲西町秋山）
奈　古（奈古荘―甲西町東半）
南　部（南部郷―南部町）
安　田（牧荘保田山―牧丘町）
浅　利（浅利郷―豊富村浅利）
八　代（八代郷―八代町）
大　桑（不明）

万為（不明）

方原・形原（三河国形原郷――愛知県蒲郡市形原）

しかし武田氏惣領家の末子石和五郎信光は、頼朝の死の直後に起こった梶原景時事件を好機として兄武田有義を放逐して、武田氏の家督を嗣立して武田信光と名乗って、武田党の再統合を図った。以降、その子孫は、全国に広がった。とくに若狭、丹波、丹後、因幡、安芸、阿波など、西国で顕著である。しかし、いずれも武田という本名字を名乗っている。

やや異色だったのは、小笠原、南部の両流である。加賀美遠光の次男長清は、甲斐国原小笠原荘に由来して、「小笠原」という新名字を興したが、これを信濃国に伝えたのである。その弟光行は、甲斐国南部郷に由来する「南部」という新名字を、陸奥国に伝えている。

## 官職由来の名字

源平藤橘などの姓名は、いわば血統を表示している。そして名字は、領主としての地位を示しているといいえる。

武士階級というのは、もともと領主階級であった。武士が名字を名乗るということは、その名字ノ地が自分の所領であるということを、世間に吹聴して確認させるという意味があった。

現代においては、これは土地の登記ということになる。なにかの折には、周辺の領主たちに証人に立ってもらえるのである。

だから農民には、名字公称が許されなかったのである。農民が名字を公称すれば、その名字ノ地は農民の所領だということになり、ひいては農民が領主であるということになってしまうからである。

領主である武士が所領の地名を名字にするとはいっても、そのまま名字だけを名乗ることはない。その所領に対して有している役職名を、必ず付けて名乗るのが常だった。

前出した畠山重忠が、ただの〝畠山重忠〟と名乗ることはなく、必ず「畠山荘司重忠」というように、所領である畠山荘で、「荘司」という役職を帯びているということを常に表示している。

三浦義明の名乗りも、決して〝三浦義明〟ではない。「三浦大介義明」なのである。相模国の国衙（こくが）で大介という官職を有しており、相模国三浦郡の領主であるということを、その名乗りのなかで示していたのである。

つまり鎌倉武士が所領の地名を名字にしたということは、その地でなんらかの役職を有しているということを、他に示すという機能があったのである。

ということは、場合によっては地名ではなく、その役職を名字にしてもよいということになる。実際、鎌倉武士の名字のうちには、役職に由来したものも、決して少なくはない。

平安末期の頃、桓武平氏の平繁茂は、古来、蝦夷征討のために築かれていた秋田城に入り、「秋田（あきたの）

城介（じょうのすけ）」に任じられた。〝秋田城の副長官〟ともいうべき役職だが、正規の長官はいないので、事実上の城主といってもよい。

それから以降、この系統は「秋田」あるいは「秋田城介」、または略して「城（じょう）」を名字にした。しかし源平合戦に平氏側に味方したので、結局は滅亡している。

かわって秋田城介に任じられたのは、頼朝の側近だった安達藤九郎盛長の子、安達景盛だった。以降、景盛とその系統が、「秋田城介」や「城」を名字として名乗っている。

文治五年（一一八九）、奥州藤原氏が滅亡した。その翌年、頼朝は御家人の伊沢家景を、陸奥国留（る）守（す）職に任じた。陸奥守が遥任して任地に赴任してこないとき、国司の留守を守って国衙を預かる役職である。

家景の子孫は、その留守職を世襲して、やがて「留守」という名字を名乗っている。天正十八年（一五九〇）、豊臣秀吉の小田原城攻めのさい、秀吉に服属するのが遅かったということで、結局、取り潰されている。

秀郷流藤原氏の武藤資頼は、もともとは武蔵国の豪族だったらしい。建久七年（一一九六）、九州大宰府の大宰少弐に任じられたが、すぐには赴任しなかったようである。

蒙古襲来の直前、その子資能、経資父子は、防衛のため任地に赴任し、文永ノ役には経資は日本軍の指揮をとっている。以降、子孫は九州に土着して大宰少弐を世襲して、「少弐」を名字にしている。

京都朝廷で下級の公卿だった三善康信は、母が頼朝の乳母の妹だったということから、鎌倉に下向して問注所の執事に就任した。以降、その子孫は問注所執事の地位を世襲して、ついに「問注所」という名字を名乗っている。

このように官職に由来した名字には、京都朝廷の律令制的官職に由来したもののほか、鎌倉幕府の官職に由来したものもある。さらには国衙の官職に由来した名字も、決して少なくはない。

ちなみに諸国の国衙の分課は、いずれも「所」であった。「田所」「税所」などが、それである。いずれも、名字になっている。さすがに「税所」という文字は嫌われたらしく、「最所」「済所」「最初」などと、文字は変えられている。

国衙の武者所に由来したのが、「武者」である。蔵人所に由来したのは、「所」であった。国衙の水軍を管掌した「船所」、租税の一種である調を扱かった「調所」なども、やはり名字になっている。

なお平安時代の末期頃から、藤原氏の庶流に新しい名字の命名法が見られた。律令制官職名の一字を、「藤」という文字の上に冠して、両者を合成して名字にしたのである。「木工頭藤原氏」から「工藤」、「加賀守藤原氏」ということで「加藤」などというのが、それである。

この種の名字でもっとも早いのが、陸奥国信夫荘（福島市）の嗣信・忠信兄弟の「佐藤」や、伊豆・駿河両国に繁衍した「工藤」かも知れない。

また、この種の名字に国司号に由来したものが多いことは、どのように解すべきだろうか。藤原氏一門のうちの受領クラスから、この種の名字が始まったということだろうか。

安　藤（安房守に由来）
伊　藤（伊勢守に由来。伊賀守あるいは伊豆守ではないらしい。位藤、居藤、井藤などは、これの転訛）
雲　藤（出雲守に由来）
衛　藤（近衛尉に由来。恵藤、江藤は、その転訛）
遠　藤（遠江守に由来。円藤、延藤は、その転訛）
加　藤・賀藤（加賀守に由来、嘉藤はその転訛）
紀　藤（紀伊守由来説と、古代の名族紀氏の藤原氏仮冒（かぼう）説とがある。木藤、義藤、鬼頭、貴党などは、
その転訛）
工　藤（木工助（もくのすけ）に由来。公藤、宮藤、勲藤、久藤は、その転訛）
後　藤（備後守に由来。肥後、豊後、越後などではないらしい。五藤、伍藤、古藤、小藤は、その転訛）
近　藤（近江守に由来）
権（ごん）　藤（権（ごん）官に由来）
佐　藤（佐渡守由来説、衛門佐か兵衛佐由来説、および下野国佐野荘（佐野市）由来説の三説がある。
なお左藤については、佐藤の転訛とする説と、左衛門尉由来説とがある）
斎　藤（斎宮頭（いつきのかみ）に由来）

柴藤・四藤（不明）
主藤・首藤（ともに主馬首(しゅめのかみ)に由来）
守藤（大和時代の名族守部(もりべ)氏が藤原氏を仮冒）
進藤（修理進に由来）
須藤・周藤・数藤・寿藤（いずれも前二氏の転訛）
大藤（大和時代の名族大神(おおみわ)氏が藤原氏を仮冒。オオフジとも読む）
内藤（内舎人(うどねり)に由来）
仁藤（不明。ニトウ、ニントウとも読む）
二藤（出羽国二井田(にいだ)（秋田県能代市）由来）
伴藤（古代の名族大伴(おおとも)氏が藤原氏を仮冒。半藤、番藤は、その転訛）
兵藤（兵衛尉に由来。平藤、兵動、兵働は、その転訛）
尾藤（尾張守に由来。備藤、美藤は、その転訛）
府藤（兵衛府、近衛府、衛門府、大宰府などに由来したか。不藤、布藤は、その転訛。布藤はヌノフジとも読む）
保藤（平安、鎌倉期に存在した公領の保に由来したか。本藤はその転訛で、モトフジとも読む）
武藤（武蔵守由来説と、武者所由来説とがある。無藤は、その転訛）

矢　藤（古代の名族矢部氏が藤原氏を仮冒。矢頭は、その転訛）
与　藤（不明）

## 削名字と復名字

御門葉ノ制については、先述してある。頼朝が「源」姓の公称を一部に限定して、自家を権威づけたのである。

この方式は、すぐに他に摸倣された。それも源平藤橘という姓名呼称ではなく、名字呼称の制限というかたちをとった。

鎌倉北条氏では、嫡流の得宗家だけが、「北条」と名乗った。庶子家が鎌倉での居所や諸国の所領の地名などを名乗ったことは、先述してある。本名字から、新名字が現れたのである。

同様のことが、足利、新田、三浦などの大族でも見られたことも、先述してある。それぞれの嫡流家だけが、「足利」「新田」「三浦」など、それぞれの本名字を名乗ったのである。嫡流家（本宗）の名字独占、あるいは庶子家への本名字呼称の制限である。

この種の例は、きわめて多い。相模国大友郷（小田原市東・西大友）を名字ノ地とした大友氏でも、源平合戦後に豊後国など九州各地に所領を拝領すると、庶流はそれぞれに分領された地名を新名字とし、「大友」という本名字は名乗ってはいない。

鎌倉・室町両時代に限って、大友氏庶流が名乗った新名字を列挙すると、次のようである。

淵名　鹿子木　竹迫　三池　門司　田村　筑井　一万田　立石　古荘　井上　平井　板井　如法寺　扇迫　下郡　鶴見　久保　得永　怒留湯（ぬるゆ）　帯刀　城井　高崎　袴田　太田　高尾（鷹尾　田高）　志賀　朝倉　藤北　田中　田原　生石　田口　利光　麦生　吉弘　富永　保見　国岡　宮迫　戸次　清田　松岡　冬田　利根　竹中　大神　津守　臼杵　利光　内梨　鵜木　平川　幸弘　小川　成松　吉岡　波津　久戸　椎原　荒瀬　岩屋　御久里　笠良城　佐土原　小河内　長小野

以上のように新名字が多いことは、大友氏の惣領家が「大友」という本名字を独占していたことを、如実に示している。同時に新名字の多くが九州各地の地名に比定できることから、鎌倉末期から室町時代にかけて、大友氏一族が九州において繁衍していた様子も、窺（うかが）うことができる。

九州における南北朝内乱は、その中核を少弐、大友、島津の「鎮西御三家」と南朝側の菊池氏との対決と見ることができる。このうち九州生（は）え抜きは菊池氏だけだった。このことから九州での南北朝内乱を、他所者（よそもの）と生え抜きとの対立と見ることもできる。

島津氏の初代惟宗忠久には、頼朝の御落胤だったという伝説がある。同じように大友氏の初代能直にも、頼朝の御落胤だったという伝説がある。南北朝内乱期には、それほどの大族に大友氏は成長していたのである。

このように大友氏が繁栄すると、庶子家のなかから「大友」を名乗ろうとする者も現れた。「大友」という本名字が持つ権威を、利用しようとしたのである。

これに手を焼いた本宗家は、このことについて室町幕府に願い出たらしい。そして南北朝内乱期の延文四年（一三五九）十月二十三日、二代将軍足利義詮は、次のような文書を発した。『南北朝遺文九州編』四一五〇号である。

「大友」なる名字のこと、豊前々司大友能直以来、惣領の号たるのところ、庶子等が自称するの条、はなはだ謂（いい）なし。早々と自由の儀を止め、よろしく先例にまかすべきの状、くだんのごとし。

延文四年十月二十三日（義詮御判）

大友刑部大輔（氏時）殿

庶子家の自由な動きを制御しきれなくなった惣領家を、室町幕府がバック・アップしてやったわけで、惣領家の本名字独占と庶子家に対する本名字呼称の禁止とを、幕府が公認したわけである。大友氏に見られた以上のような措置は、他には類例は少ない。このような例は、足利、新田、三浦など、特定の大族だけに見られた特例の措置であった。

むしろ多くの武士家では、同一の名字を名乗ることによって同族意識の強化に努め、ひいては一族の団結を強めようとした方が、より一般的だった。そのような意味で注目されるのは、紀伊国隅田荘（すだのしょう）（橋本市）の隅田（すだ）党である。

荘内の隅田八幡宮を共通の氏社とし、同じく荘内の利生護国寺を共通の氏寺として、二十五名（のち二十八名）の武士が結成していたのが、隅田党という武士団だった。

その隅田党は、南北朝内乱の真っ最中の頃、注目すべき決定をした。それぞれ「隅田葛原」「隅田境原」「隅田松岡」「隅田上田」「隅田小西」などと、共通の「隅田」を関した複合名字を名乗ったのである。

ちなみに鎌倉時代には、隅田荘が北条氏の得宗領で、隅田党は得宗被官だった。元弘三年（一三三三）五月七日、六波羅探題だった北条仲時が近江国番場宿の蓮花寺で自刃したとき、隅田党の十一人が仲時に殉じている。

やがて南北朝内乱が始まると、すぐ北隣からしばしば楠木氏に攻撃され、楠木氏に降伏すると北朝軍に攻められるなど、きわめて面倒な情況にあった。

このような情況のなかで、その党としての結束を強化させる必要があって、その結果が共通の「隅田」を関する複合名字の成立ということになったらしい。

しかし隅田党の成員が、すべて血縁的に同族だったわけではない。管見の限りでは葛原・境原両氏は藤姓で、松岡氏は源姓、上田氏は橘姓だった。つまり「隅田―」という複合名字は、同族であることを擬制して、党としての結束の強化を図ったということだったのである。

戦国時代に入ると戦乱はさらに激化し、隅田党は結束の必要をさらに強く感じたらしい。その結果は、党の成員のすべてが、「隅田」とだけ名乗るようになっている。

隅田党の場合は異姓の者を同じ名字で括ったわけだが、もともと同姓で同名字である場合、その名字を名乗ることは、一般に不都合ではない。「足利」を本名字にしつつも、「今川」を新名字とした系統では、初代の国氏より以降、今川氏の庶流にいたっても、「今川」を名乗っていたのは、その一例である。だから今川流足利氏の今川基氏の次男範国も、その範国の次男の貞世も、「今川」を名乗っていたのは、まさに当然のことだった。

その今川貞世が、有名な今川了俊である。次男のそのまた次男という庶流でありながら、「今川」を名乗っていたのである。兄範氏の死後、その子泰範をさしおいて、今川流の家督を嗣立している。

この頃、九州では南朝側の勢力が強くなっていたが、応安四年（一三七一）、了俊は鎮西探題に任じられて九州に赴任して、九州での北朝方の覇権回復に努力し、やがて成功した。

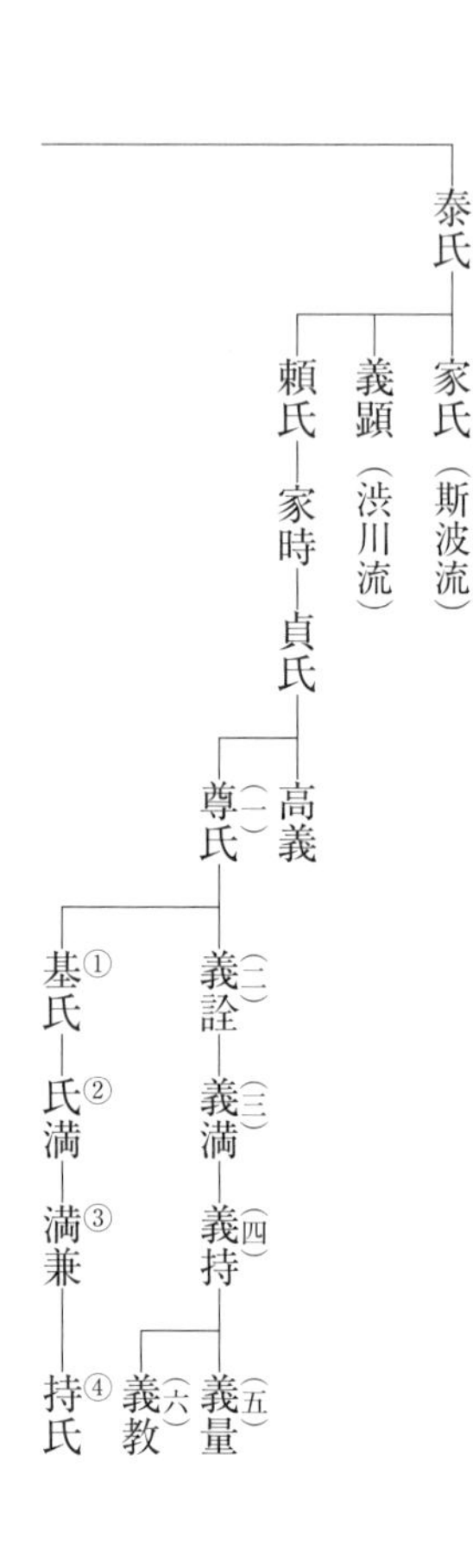

長氏―満氏（吉良流）
長氏―国氏（今川）―基氏―頼基
基氏―範国―範氏―氏家
範氏―泰範―範政―範豊―義忠―氏親―義元
範国―貞世―貞臣―貞相―範将―貞延―義秀

しかし応永二年（一三九五）、三代将軍足利義満に鎮西探題を罷免され、かわって遠江半国の守護に任じられた。幕閣における政争の余波だったらしい。失意のうちに了俊が書いたのが、有名な『難太平記』である。

了俊の悲運は、まだ続いた。応永六年には、遠江半国の守護職まで没収されたのである。駿河国守護だった今川流本宗の今川泰範が、了俊を讒言（ざんげん）したのだという。

同じ頃、鎌倉公方三代目の足利満兼は、将軍職を狙って防長両国守護の大内義弘を語らって、京都挟撃の計をたてていた。この陰謀に了俊が加担していたことが露顕し、応永七年正月、幕府軍が遠江国にいた了俊討伐のために迫ってきて、同七月四日、ついに了俊は幕府軍に降伏した。

将軍足利義満の了俊に対する処置は、案外に寛大だった。陰謀が未発だったからかも知れない。いずれにしても了俊は、伊豆国堀越郷（韮山町二日町）を渇命所として安堵され、その地で流人としての生活をすることになったのである。

このとき了俊が受けた処置のうち、とくに注目すべきことは、「削名字」というものだった。「名字を削る」ともいい、「今川」という名字を名乗ることを、禁じられたのである。

止むを得ず了俊は、渇命所の地名をとって、「堀越」と名乗ることになる。

了俊に対する削名字という制裁は、その死後にまで及び、息子の貞臣も「今川」を名乗ることは、許されなかった。ようやく孫の貞相の代で赦免され、貞相は「今川」という名字に、「復名字」（名字を復す）することを許されている。

しかし三代にも及ぶ間、削名字の制裁を受けた結果、了俊の子孫には、なにやらが生じたらしい。貞相の子孫は「今川」と名乗ることを止め、また「堀越」に戻ったのである。さらに「瀬名」あるいは「関口」などと名乗って、ついに「今川」と名乗ることはなかった。

同時に室町幕府に対する態度も、すっかり変わっている。将軍家の直臣（幕府御家人）ということではなく、駿河国の守護大名である今川家本宗の重臣と、その立場を転じて行くのである。

これほどまでに了俊の末裔が拗ねているところに、中世における「削名字」という制裁の重さが、如実に感じられるのである。

（三浦）義明
- （杉本）義宗
  - （和田）義盛
  - （高井）義茂 ― 重茂
  - 宗実 …… 重茂
- （三浦）義澄

」

時茂―（高井）兼茂―茂連―茂明―茂継―茂資―政資―寒資―房資―朝資

茂連―（羽黒）茂泰―義成―景茂―茂冬―政義―秀義―時茂

時茂―（黒川）茂長―兼連―茂実―時実―義実―基実―氏実

越後国の三浦和田氏でも、十五世紀中葉に削名字が行なわれた。この系統は武家の名門で、歴史も古い。

源平合戦での源氏軍の中核は、相模国三浦半島を本拠とした三浦氏だった。棟梁の三浦大介義明の嫡孫和田義盛は、その最たる存在で、やがて鎌倉幕府が成立すると、侍所の初代の別当に任じられている。

しかし義盛は、三浦氏の家督は嗣立しなかった。やがて建保元年（一二一三）五月、和田氏ノ乱で義盛一族は滅んだ。しかし和田氏の武名は、世上に鳴り響いていた。

これよりさき義盛の弟高井義茂は、木曽義仲討伐の恩賞として、越後国奥山荘（黒川村、中条町、加治川村など）を拝領していた。この系統は、三浦氏と和田氏の武名を誇示する意味もあって、「三浦和田」あるいは「三浦和田高井」という復名字を名乗ったが、室町時代には「三浦和田黒川」「三浦和田羽黒」など、三重の複合名字を名乗る庶子家を析出している。

事件が起こったのは、応永三十年（一四二三）だった。しばしば越後応永大乱という。

越後国の守護上杉房朝が若年だったのに付け込んで、相互に対立していた室町幕府の前将軍足利義持と鎌倉公方の足利持氏とが、ともに越後国の国務に介入してきたのである。

すぐに合戦になった。幕府側の上杉房朝と鎌倉公方方（くぼうがた）の越後国人とが、激烈な戦いを展開したのである。

その余波は、すぐに奥山荘にも波及した。三浦和田氏の惣領高井房資、朝資父子は幕府＝守護方についたが、荘内の黒川（黒川村）を領していた庶子家の黒川・羽黒らは、鎌倉公方＝国人方に味方したのである。こうして源平合戦以来の名族三浦和田氏は、惣領家と庶子家とに分裂して、激しく対立することになった。

もともと同族で、互いに顔見知りである。卑怯未練な振る舞いは、誰にとっても出来ることではない。いきおい合戦は、激烈にならざるを得ない。

白河荘（安田町、水原町）、篠岡（ささおか）（笹神町）、大面（おおもの）荘（栄町）、菅名（すがなの）荘（村松村）、田上ヶ原（田上町）と、同族同士の合戦が、次々と展開された。

注目すべきは、この間に惣領家が、黒川・羽黒両流に対して「削名字」の制裁を行なったことである。族長としての権威を守らねばならなくなった惣領家が、ついに惣領家としての権限を発動したのである。

このような措置をとったことについて、のち寛正五年（一四六四）八月二十日、惣領家の三浦和田高井朝資は、次のように一族に対して書き送っている。「中条家文書」の一一七号「三浦和田朝資渡状」である。

> 羽黒のこと、常春院殿様（上杉房朝）が御幼少の時節、国が錯乱せるのとき、親類は同心して忠節を致すべきのところ、野心を挿み（さしはさ）候の間、その沙汰を致して、所帯を召放てり。

文中の「その沙汰を致し」というのは、「削名字」を行なったということである。同時に惣領家は、羽黒・黒川両流の所領の没収も、惣領家としての権限を発動して実行したらしい。

このような惣領家がとった措置は、大きな効果をあげた。羽黒・黒川両流に味方していた他の庶子家が、羽黒・黒川両流を捨てて、惣領家の指揮下に帰参してきたのである。

こうして羽黒・黒川両流は、三浦和田氏一族のなかで、孤立することになった。やがて黒川流の三浦和田基実は、包囲下の黒川城（黒川村下館）で、自刃して果てた。

一家だけでは戦い続けることができなくなった羽黒流は、やがて惣領家に降伏した。

これ対して惣領家は、「憐愍ノ儀をもって、名代を返付」したという。「削名字」の制裁を解き、「復名字」させてやったのである。

以上のように「削名字」「復名字」というのは、南北朝、室町期に多く行なわれた。それは平安、鎌倉両時代に多かった「放氏」「続氏」「継氏」と、よく似ていることに注目される。

このようなことから、名字の世界における「削名字」「復名字」ということは、姓名の世界での

「放氏」「続氏」「継氏」の強い影響の下に、発生、成立したものといえよう。

結局は、族長の権限だった。一族支配のために、族長が握っていた権限だったのである。その効果の程は、三浦和田氏の例に如実に示されている。

ところで、……

これよりかなり以前の建長二年（一二五〇）十二月の頃、鎌倉幕府の小侍所の別当だった金沢流北条実時は、すっかり困惑していた。五代将軍九条頼嗣の近侍と定められていた御家人たちが、最近、将軍御所に出仕するのをサボる者が多くなったのである。

この将軍近侍の御家人たちを統率管理するのが、小侍所別当としての実時の職務だった。だから実時は、サボりがちな近侍に対して、いく度となく御所への出仕を促した。しかし効果はなかった。わずか十二歳で政治の実権を持たない将軍に近侍しても、なにも得ることはなかったからである。

それにしても今日、十二月二十日はひどかった。ついに一人として、御所に出仕してきた者がなかったのである。将軍御所は、無人となった。

この日、困り果てた実時は、ことの由を執権北条時頼に報告した。実情を知って驚いた時頼は、近日中に善処すると、実時に約束した。

同二十七日、時頼は約束を果たした。一班十八人という班を六班編成し、各班は六日目ごとに出仕するものと定めた上で、新しく近侍と決められた一〇八人の名前を発表したのである。

時頼がとった処置は、それだけではなかった。新しい近侍の名を列挙した番帳の末尾に、次のような厳しい内容の法令が記されていたのである。

以上の者ども、よろしく自分の任務を果たすべし。もし懈怠のことあらば、削名字（名字を削り）し、永く出仕をとどむべし。

通常の例では、「削名字」は族長の権限だった。一族支配のために、族長が握っていたものだった。それが今、鎌倉幕府の法令のなかに採り入れられ、怠慢な御家人に対する制裁の一種になったのである。しかし鎌倉幕府が実際に削名字した例は、管見には入っていない。

そして弘治二年（一五五六）十一月二十五日、下総国結城城（結城市）の領主結城政勝が出した『結城氏新法度』一〇六カ条のうちの第二十二条に、次のようなものがある。

此以後、不忠し候ハんものをは、其一類こと〱くたやし（絶）、名字をけつり、其一跡、他人に〔あつかふへく候〕（虫喰いを推定）。其名字をなのら（名乗）せ候へは、つつく（続）やうにて候間、名字迄、たや（絶）すへく候、可被二心得一候。

家臣のうちに不忠をする者があったら、その者の一族全員を根絶やしにして、その「名字をけつり」、その「名字まで、絶やし」てしまうぞと、威嚇しているのである。「名字を削る」ということは、それほどまでに強力な制裁だと、思われていたのである。

似たような法令が、慶長元年（一五九六）十一月十五日、土佐国の大名長曽我部元親が発した『長曽我部氏掟書』にも見られる。ちょうど百カ条から成るうちの第八十四条である。

忠節名字跡目名代之事、其身以仕違、成敗在之時、科軽者、名字へハ不可懸。於重科者、名字迄、可成敗事。

（忠節〔の者〕の名字の跡目の名代（名字）のこと　その身は仕違をもって成敗あるのとき、科（とが）が軽ければ、名字へは懸けるべからず。重科においては、名字まで成敗すべきのこと）

軽罪の者に対しては、名字には懸けない（削名字には及ばない）が、重科の場合には、名字まで成敗する（名字を削る）というのである。「削名字」という制裁が、きわめて重い措置だったことが、よく示されている。

## 名字の授与と公称

「名字を削る」あるいは「名字を奪う」という権能は、反面では、「名字を与える」ということにも通ずる。一方は罪を犯した者に対する制裁であり、他方は功労のあった者に対する褒賞だからである。ときには軍功を樹（た）てるより以前に、名字を与えるということもあった。次の挿話では励ましという目的もあったかも知れないが、より正確には主従関係の結盟という意味の方が、より強かったと思われる。

いずれにしても一ノ谷合戦の直前、山中で迷っていた義経は、ふと見付けた少年に、鵯(ひよどり)越えに通ずる道を案内させた。このとき義経と少年は主従関係を結んで、その証として義経は少年に、「鷲尾(わしのお)」という名字を与えたと、『源平盛衰記』に見えている。

その少年が今まで住んでいた地の地形が、

居所は　山の鼻がさし覆いて　鷲の貌(かお)に似たりとて

鷲尾と申し付けたのである。地形由来の名字の一例である。

しかし『平家物語』では、やや相違している。少年の父は鷲尾荘司武久と名乗っていたというから、すでに「鷲尾」という名字を持っていたことになる。だから、この場合、義経が少年に、名字を与えたということにはならない。

「新しき名字を与えん」

と、織田信長にいわれた木下藤吉郎が、織田家の二人の家老、丹(に)羽長秀、柴田勝家から一字ずつを貰い受けて、羽柴秀吉と名乗ったという挿話は、あまりにも有名である。もともとは天皇家の大権の一であった賜姓の権能が、ついに大名家の名字授与にまで、下降していたのである。

ほぼ同じ頃、信長は丹羽長秀に「惟住(これずみ)」という名字を与え、明智光秀に「惟任(これとう)」という名字を与えている。いずれも古来の九州の名族の名字である。やがて九州に攻め入るとき、役に立つだろうと、信長は考えたものらしい。

ちなみに幕末明治の頃、甲斐国に攻め入ろうとした土佐藩の乾（いぬい）退助は、板垣退助と名字を変えている。「板垣」という名字が、源平合戦の頃から甲斐国の名族のものだったからである。信長の故智に、倣（なら）ったのかも知れない。

なお信長の死後、天下人になった秀吉は、「羽柴」という名字を、他流の諸大名に与えている。いわば同族に準ずる待遇を与えて、みずからの藩屏にしようとしたのである。かつての頼朝の「御門葉ノ制」を、少し変質させて真似たということかも知れない。

続いて秀吉は、源平藤橘という四主姓のほかに、あらたに「豊臣」という姓を創った。秀吉と秀吉から「羽柴」を貰っていた諸大名たちは、「豊臣」を姓名とし、「羽柴」を名字にすることになったのである。

秀吉から「豊臣」姓と「羽柴」という名字を与えられた諸大名は、次のようである。

宇喜多（うきた）秀家　前田利家　結城（ゆうき）秀康　長谷川秀一　木下勝俊　池田輝政　織田長益　織田秀信　京極高次　筒井定次　森忠政　大友義統　宗義智　島津義弘　立花宗茂　毛利秀包　細川忠興　長曽我部元親　黒田長政　丹羽長重　小早川隆景　堀秀政　稲葉貞通　蜂屋頼隆　毛利輝元　蒲生氏郷　里見義康　伊達政宗　溝口勝政

ちなみに一般には、秀吉は「羽柴」から「豊臣」へと、名字を変えたのだと見るムキがある。これは違うことは、上述の通りである。

秀吉から「豊臣」姓で名字は「羽柴」を与えられた諸大名は、それなりに秀吉家の藩屏と恃まれたわけである。しかし実際には、ほとんど効果がなかったことは、よく知られている。

なお九州博多の筥崎八幡宮に、黒田長政が建立奉納した大鳥居が現存している。それには「羽柴筑前守長政」と彫り込まれていたが、最近、その部分だけ撤去されている。

その長政が関ヶ原合戦で有力な徳川側だったことを思うと、秀吉がとった政策は、効果がなかったといわざるを得ない。

しかし、もともとは「松平」だった徳川家康も、やはり秀吉の方式を踏襲した。それでも家康が諸大名に与えたのは「松平」であって、「徳川」という名字は、ついに他流には与えてはいない。

徳川家から「松平」を与えられた他流の大名家には、次のような諸家がある。

島津　井伊　久松　奥平　柳沢　大河内　戸田　池田　藤堂　伊達　毛利　蜂須賀　山内　前田
黒田　浅野　鍋島　大須賀　本庄　長沢　池田　榊原　保科　糸魚川　本多　藤井　桜井　能見
佐竹

豊臣・徳川両家で行なった名字の授与ということは、江戸時代に入ると、各大名家でも行なわれることになった。大名が自流の名字を、重臣たちに与えるのである。これを、「名字ノ拝領」と呼んだ。

ところで、……

既述のことを繰り返すが、朝臣に姓名を与える賜姓という権能は、もともとは天皇が持つ大権のひとつだった。それが放氏と削名字、頼朝が行なった御門葉ノ制などに影響されて、ついに名字ノ拝領というところまで、下降してきたのである。

このように姓名、名字などの歴史を振り返ってみると、名前というものに、ある特別な観念を、日本人は抱いてきたように思われる。いわゆる〝家名を上げる〟という意識も、このような精神的風土に根ざしていたと、いえるのかも知れない。

またまた記述のことを繰り返すが、平安時代の中・末期、「名字」というものが出現した頃、その「名字」を名乗るということには、自分が地方領主であると他に誇示するという意味があった。いわゆる「名字ノ地」が、その人の領地であるというのである。換言すれば領地を持っていない者が「名字」を公称するなどのことは、論理的にいっても、あり得るはずはない。

その地方領主たちは、やがて頼朝を主君と仰いで、自分たちの政権を樹立した。鎌倉幕府である。その成立とほぼ前後して、一種の反動が生じた。「姓名」や「名字」の公称制限が、始まったのである。

ちなみに奈良時代には、「百姓（ひやくせい）」という語があった。〝数多くの姓名〟という意味から転じて、〝姓名を持つ一般の人々〟という意見になり、通常では一般庶民のことを指す。ことほどさように、奈良時代には全員が「姓名」を持っていた。

『万葉集』の「東歌」や「防人歌」の部分に、その例は多い。四三二六番の「生玉部足国」、四三四〇番の「川原虫麻呂」、四三四一番の「丈部足麻呂」、四四〇五番の「朝倉益人」などどころか、四四一六番には部民の妻である「椋椅部刀自売」や、四四二二番の「服部呰女」などの名までが、知られる。

奈良時代の古文書にも、「姓名」とも「名字」ともつかぬ名乗りを持つ庶民の例は、数多く頻見される。

天平勝宝四年（七五二）の頃、奈良の「左京八条一坊」に住む「民」として、「伊美吉若麻呂」の名が知られ（『寧楽遺文』宗教編下）、天平神護二年（七六六）十月頃、越前国足羽郡の「草原郷ノ人」として「宇治智麻呂」の名が知られ（同書経済編上）、同じ文書に「野田郷ノ百姓」として「車持姉売」という女性の名も知られる。

平安時代になっても、情況は同様だった。「姓名」とも「名字」とも区別し難い名乗りを、多くの庶民が名乗っていたのである。

久安二年（一一四六）の頃の京都では、「生年十五歳」の少年が「藤井友沢」と名乗っており、はっきりと「強盗」と記されている人物が「□（虫喰い）原末利」と名乗った例が、『平安遺文』二五八四号に見える。

同じ『平安遺文』の二七三六号では、仁平元年（一一五一）八月頃の土佐国に、佐伯、宗我部、上毛、八木、紀、柏部、秦、草江など、数多くの「姓名」や「名字」の公称例が見られる。

ところが源平合戦前後の頃になると、情況は一変する。領地を持たない者たちが、いっせいに「姓名」や「名字」を、公称しなくなるのである。

武家奉公人ではあったが領地を持たない雑色(ぞうしき)については、『保元物語』や鎌倉幕府の半公的記録である『吾妻鏡』に、数多くの例が見出される。

源為義の雑色である「花源」、北条時政の雑色の「藤源太」、三善康信の雑色の「鶴太郎」などのほか、頼朝自身の雑色としては、次のような名が挙げられる。

友行　宗重　定遠　信方　宗光　里長　吉枝　常通　宗廉　里久　沢安　正光　真近　常清　利定　成里　成重　成沢　沢重　国守　清常　鶴次郎

以上のように雑色たちは、すでに「名字」の公称はしていない。もちろん、若干の例外はある。数多い頼朝の雑色たちのうちには、「名字」あるいは「名字」らしいものを名乗る者が、わずかだが存在した。

「時沢」は「出雲時沢」とか「浜四郎時沢」あるいは「浜四郎」と呼ばれた。また「吉野三郎」「高三郎高綱」「足立新三郎清経」という雑色もいた。それぞれ番（班）に編成された雑色集団の長だったらしいが、領地を有していたのだろうか。今後の研究の課題である。

なお東国の大武士団に属していた郎従、郎等は、源平合戦期、多くは「名字」を公称していた。以下は、『吾妻鏡』の冒頭部分から抽出した郎従たちの名乗りである。

豊三家康　石井五郎　太田菅五　蘟沢次郎　桐生六郎　藤内光澄　志賀九郎　熊谷四郎　高山三郎　与野太郎　海太成光　矢作二郎　鈴置平五　水代六次々郎　和田池二郎　平太男　保志秦三郎　左中太常伴　橘三　橘五　佐藤左衛門尉忠信

郎従あるいは郎等といっても、東国の大武士団に属している者の多くは、やはり領地を持っていたようで、それなりに「名字」を公称している者が多い。

たとえば太田菅五は、下野国小山荘（小山市）の領主小山朝政の郎従だったが、同じく下野国太田郷（二宮町太田）の領主だった。同じく小山党だった水代六次々郎と和田池二郎は、それぞれ水代村（大平町水代）と和田郷（喜連川町和田）の領主だった。

桐生六郎は上野国桐生郷（桐生市）の領主で、主の藤原流足利俊綱を討って、頼朝の御家人になろうとした人物である。頼朝さえ許せば、幕府御家人にもなり得る存在だったことになる。佐藤忠信については、今さらいう必要はないだろう。

郎従・郎等といっても、所詮は主との間に主従関係があるというだけのことで、領地を持っている者もあれば、持っていない者もあったのである。平太男、橘三、橘五などは、その後者の例と思われる。

ちなみに頼朝の岳父にあたる北条時政は、もともとは伊豆国の小土豪にすぎなかった。娘政子が頼朝と結婚していたということがあって、源平合戦期に急速に成り上がって、領地も飛躍的に増大している。

このようなことがあったため、多くの被官を急いで掻き集めたらしい。その時政が、文治二年（一一八六）三月、京都守護を辞して鎌倉に帰るとき、治安維持のため京都に残した被官三十五人の名簿が、『吾妻鏡』に残されている。

あつさの新大夫　の太の平二　やしはらの二郎　ひせんの江次　さかを四郎　ないとう四郎　へいこ二郎　うへはらの九郎　たしりの太郎　いはなの太郎　やわたの六郎のいよの五郎太郎　しむらの平三　とのおかの八郎　ひろさハの次郎　大方十郎　いかの平太

これらは「名字」らしきものを名乗っているが、それは領地というほどのものではなく、多分、出身地という程度のものであろう。そして以下の例のように、「名字」らしいものさえ持たない者までが、時政の麾下にはあったのである。

ちうはち　ちうた　かうない

そして鎌倉時代の中期、『蒙古襲来絵詞』で有名な竹崎季長の郎従が、ただの「資安」であり、「藤源太」であった。ほとんど無足だった季長の郎従である。もちろん領地など、持っていたはずはない。

以上のように、武士階級に属している者でも、「名字」を公称する者と公称しない者とがあり、その区別は領地を持っているか否かに、よっていたということになる。

領地を持たないといえば、その代表的な存在は、農民である。その農民たちも、この時期、「名字」を公称してはいない。

同じ文治二年の頃、大和国出雲荘（桜井市出雲）は、水田が二十一町余で、十三の名田より成り立っていた。しかし、もともとは名田が十五だったので、十五人の名主の名乗りが、『鎌倉遺文』二〇二号に記されている。

重国　国時　国久　助元　助安　貞安　助国　重末　貞元　貞国　国弥　貞次　久国　助賢　今国

いずれも「名字」を公称してはいない。さらに文末にある但し書きにも、やはり注目される。

近来ハ、耕作者の名字をもって、――名となす。はなはだ然るべからず。耕作者の名字は、ときにより不定なり。本名号を用いるべきことなり。常の御領は、特別に本名をもって、名字に称するなり。

もうひとつ例を挙げておく。建久八年（一一九七）十一月、近江国石山寺領で、一反から二反にいたる狭少の水田を耕作していた農民の名前が、『鎌倉遺文』九四六号に見られる。

重正　菊蘭　花道　一楽　祐禅　国安　安延　桂住　私毘沙丸　勢万　真住　快珍　住千　武沢
清沢　千義丸　末貞　元能　良全　安弘　信慶　第一　教珍　石丸　菊定　増富　聖珍　祐仁
善根　行元　第二　元包　時末　随意　恒安　友恒

場所が寺領だったせいか、右の人名のうちには、僧侶の名前らしいものも、多く見られる。いずれにしても、すべて「名字」を名乗っていないことに注目される。

さらにもっと注目すべきことは、この前後の頃の政権が、名字公称を禁ずるような政治的措置を、まったくとっていなかったことである。院政、六波羅平氏政権、そして鎌倉幕府が、名字公称を禁ずるような法令を発したという史料は、管見の限り、まったく存在しない。

にもかかわらず、源平合戦前後の頃から、領地を持たない人々が、名字を公称しなくなったのである。このような社会現象は、一見、まるで自然発生のようでもある。しかし、なにかがあったのである。そうでなかったら、このような現象が起こるわけはない。

この間の原因を示すような史料は、まったく存在してはいない。しかし〝名乗り〟というものを統基として日本の歴史を振り返ってみると、次のようなことがいえるかも知れない。

日本の古代は、まさに天皇中心の時代だった。だから中央政権に群がる貴族たちは、それぞれに「姓名」を重んじた。源平藤橘などの「姓名」は、それなりに天皇との結び付きを示すものだったからである。このような意味で、日本の古代は「姓名」の時代だったといえるかも知れない。

しかし、やがて摂関政治、院政と、天皇自身は政治をとらない時期が続くと、しだいに天皇の権威は地に落ちて行く。かわって世上で重視されるようになるのが、天皇との血縁関係を示す「姓名」ではなくなり、「名字」ということになっていく。

「名字」のもとになる「名字ノ地」が、新興の武士たちの領地だったからである。武士にとっては、天皇との血縁関係よりも、自分が領地を持っている領主であるということの方が、より重要だったのである。

こうして領地を持つ領主である武士は、「姓名」ではなく、「名字」を公称するようになった。自分が領主身分であるということを、「名字」を公称することで、世上に誇示したのである。

「名字」の公称が、即、領主身分の誇示になるということは、反面での現象を惹き起こすことになった。まず領主階級が非領主階級に対して、陰に陽に名字の公称を制限するようになり、同時に非領主階級の側からも、名字の公称を遠慮自粛するような風が、しだいに現れてきたのである。

源平合戦前後の頃から非領主階級の人々が名字を公称しなくなったのは、このような事情があったからだと思われる。

## 苗字公称の自粛と免許

農民、商人および下人所従など、非領主階級の人々が名字公称を自粛する風は、室町時代に入っても続いた。

こうして、このような風が永年続くと、その影響も現れてくる。非領主階級の人々が名字公称すると、これを悪事と見る意識が芽生えてきたのである。

地下人など、雅意(我)にまかせて名字を名乗るとの由、先代未聞の次第なり。

と書いた文書も見られる。地方農村などにおいても、
百姓ども、名字を名乗ること、身分を弁(わきま)えざる曲事なり。

などとも書かれている。

このような情況が進行する過程で、また新しい影響が見られた。「名字」という文字がしだいに使われなくなり、かわって「苗字」という文字が頻見されてくるのである。江戸幕府の法令や江戸時代の地方文書では、ほぼすべてが「苗字」という文字である。

しかし、奇妙なことがある。江戸幕府の法令などで、苗字の公称を禁じたものは、管見の限りでは皆無なのである。むしろ苗字公称を免許した例が、圧倒的に多く見られるのである。

それにもかかわらず、江戸時代の一般庶民は、苗字を公称したりはしなかった。この間の事情について、すでに豊田武氏は『苗字の歴史』において、次のように指摘されている。

結局、村内上層の農民が、いっぱん農民に苗字の私称を禁じたのであり、(中略)幕府や藩の統制によるよりも、共同体内部の規制によることが多かった。

まさに自主規制、つまり自粛だったのである。

苗字公称が当然のこととして許されていたのは、もちろん武家であり、公家であった。大石久敬が

寛政年間（一七八九―一八〇一）に著した『地方凡例録』に、次のような文章がある。

> 由緒の百姓のこと、（中略）先祖は高貴の末葉に紛れなくとも、民間に落ちては苗字帯刀、決して相成らず。

幕府や諸藩で厳しく制限されていたことが判るが、例外的に苗字公称が許される職業や立場なども、決して少ないものではなかった。

神主・禰宜などの神職や医師や相撲取りなどの職業、庄屋、名主、町年寄などの役付きの者、大名が宿泊する旅館である本陣の亭主、幕府や諸藩の御用を務める御用商人、代々が苗字公称を続けてきたという先例のある郷士などのほか、とくに親孝行だった息子や年貢を何年分も前納した農民なども、褒賞ということで苗字公称が許されている。

百姓あるいは町人の出で医師になり、苗字公称が免許された例に、野間玄琢、向井元升、後藤艮山、奥村良竹などがある。また相撲取りで苗字公称が免許された例に、谷風梶之助（金子与四郎）、雷電為右衛門（関太郎吉）、小野川喜三郎（相模川喜三郎）などがある。

通常は苗字公称ができない百姓、町人の出で、苗字公称が許されるはずの医師や相撲取りになった場合、あるいは親孝行な息子だと五人組の組頭を経て名主が申請して出たとき、それぞれに役人が吟味を加えて、苗字公称を許すこともあった。

このような場合、それぞれの情況に応じて、苗字公称の免許は二種あった。その身の「一代限り」

の場合と、「永代差し許し」の場合とである。この種の例は、『徳川禁令考』四十九に散見される。

A　寛政十年（一七九八）十月

甲斐庄のもと百姓武助、百姓同様の儀には候えども、俗医は別格にて、総髪、剃髪などにて、医師いたし候えば、御領分、在町にても、苗字を名乗ること、苦しからず候。

B　年月欠

百姓より医師に相成り候者にて、剃髪などに相成り、みずから苗字を相名乗り、十徳を着用いたし候ても、差留め候にも及ばず候。

以上の二例は、総髪あるいは剃髪し、十徳などを着て医師の姿をしていれば、もとは百姓であっても今は医師なのだから、苗字公称をしてもよいというのである。

C　文政十年（一八二七）十月

右の者　相撲取り一派の職業これあり。（中略）何の風、何の川、何の山などと唱うる名あり。実名もこれあり候。相撲取りを職とする者にて候えば、苗字を相名乗り、帯刀をいたし、苦しからざるものに御座候。

これも百姓出身だったが、いまは相撲取りになっているからというので、苗字帯刀を免許された例である。

D　『改定史籍集覧』十六に収められている「相撲行司家伝」に、相撲の行司だったので、苗字帯刀を免許してほしいと申請したときの書面が引用されている。結果として免許されたものと思われる。

一、行司、苗字を名乗り帯刀いたし候儀、ならびに職業の儀につき、願い出で候。

この段、私儀は浪人者にて、古来、木村と苗字を相名乗りきたり帯刀いたし、当時の相撲年寄仲間に加入いたし罷（まか）りあり。行司職業の義は、私ならびに式守伊之助両人とも、先祖より細川越中守様の御家来吉田追風より免許もらいうけ候儀にて、伊之助の先祖も其の砌（みぎり）より式守と苗字を相名乗り帯刀いたし、これまた浪人者にて、その他の行司どもは、いっさい帯刀つかまつる儀は御座なく候。もっとも身分の儀につき、お願いの儀これある節は、御奉行所様へ御願い申し上げ候儀に御座候。

文政十亥（一八二七）十一月晦日

深川永代寺門前仲町
忠兵衛店
相撲行司
庄之助
家主
忠兵衛
五人組
藤八
名主伝次煩いに付き、代
藤助

E　天保十三年（一八四二）十二月

名主理左衛門、伺いの通り、その身一代、苗字を差し免し、市中の名主どもの上席を申し渡さるべく候。

これは名主の上席に任じられたので、その立場上から一代限りの苗字公称が免許された例である。

以上のような職業や役職からの苗字公称が免許された例のほかに、かなり特殊な例もあった。以下は伴蒿蹊(ばんこうけい)が『近世畸人伝』で紹介した内藤平左衛門の例である。

F　陸奥国白河藩(白河市)内藤平左衛門

この人、篤実、たぐいなくて、学を好めり。されば、これのみならず、人を救い、あるいは道橋を造り、慈悲を行なうこと多ければ、領主も賞し給いて、苗字帯刀をも免され、士になぞらえらるる。

右はボランティアとして道や橋を造ったので、褒美として苗字帯刀が免許された例である。

次は『伊予国巡廻記』に見えるもので、伊予国安知生村(あんじゅう)(西条市安知生)の庄屋だった五郎兵衛が、学問に熱心だったので「菅(すが)」という苗字の公称を免されたという例である。

G　伊予国安知生村庄屋菅五郎兵衛

庄屋隠居

菅五郎兵衛

今の庄屋長右衛門の父なり。いとけなき時より読書を好み、周敷村(すわ)(東予市周布)の平太氏吉本といぅ儒者にしたがい闇斎派の道学を受く。(中略)長ずるに及びて闇斎学に安からず、京都に遊びて皆川文蔵、佐野小進らを師とす。小進、勧めて菅家内塾の都講とす。（中略）五郎兵衛、のち家に帰り、庄屋役を務むこと二十余年、隠居して御城下町に行き教授す。文政十二丑（一八二九）八月十三日、左の通り仰せ付けらる。

『　安知生村庄屋長左衛門の父
　　　　　　　　　　　五郎兵衛
　年来、志し篤く儒学の修業をいたし候段、相達し候。よって其の身一代限り苗字帯刀の御免をなされ、三人扶持を下し置かれ候。おりおり学問所へ罷り出で、御用の筋、相勤むべきなり。』

次は親孝行だというので苗字帯刀が免許された例で、『孝義録』で紹介されている陸奥国黒川郡（宮城県）の名主千坂仲内である。

H　陸奥国黒川郡の大肝煎千坂仲内

千坂仲内は、黒川郡の大肝煎（名主）なり。宝暦十年（一七六〇）より父半左衛門につぎて其の役をつとめしに、何事にも父の意に背かず。（中略）安永五年（一七七六）七月、領主より仲内が持高のうち十石を禄にあたえ、足軽小人組扱いとなし、苗字帯刀をゆるし、妻をも称美せり。

以上の諸例のうち、神職、医師、相撲取りなど職業あるいは名主上席などの役向きによるものは別として、ボランティア、学問好き、親孝行者などの場合は、苗字帯刀の免許が武士に準ずるということだった。

それぞれ、「武士になぞらえ」たり、「三人扶持を下し置かれ」たり、「持高のうち十石を禄にあたえ、足軽小人組扱い」にしているなどは、それである。

百姓、町人に苗字公称を免許する権限が、支配者としての武士にあったからである。しかし、すべての武士が、その権限を持っていたわけではない。

幕府の旗本や諸藩の藩士のうちでも、この権限を行使できるのは、知行所を持っている者だけだった。しかも、その権限を行使できる対象は、自分の知行所の住民だけであった。いってみれば武士の持つ権限というよりは、領主としての権限だったのである。

当然、切米だけを受け取る蔵米取りの武士には、この権限はなかった。当然のことながら、この権限は浪人者にもなかった。

ちなみに江戸時代も中期を過ぎると、幕府の旗本や諸藩の藩士たちが貧窮化したことは、よく知られている。家禄は上がらないのに物価は上昇したからであり、ときには半知とか借上(かしあげ)と称して、家禄の一部が召し上げられたりしたからである。

こうして多くの下級あるいは中級の武士が、内職を強いられることになる。また自分の知行所に次年度分あるいは三年後の分の年貢の前納を申し付けたり、あるいは知行所の富裕な百姓から借金したりしている。

このようなとき、知行所を持っていた旗本や藩士がとった手が、苗字帯刀の免許だった。自分の知行所の富裕な百姓などに苗字帯刀を免許して、あるいは借金の棒引きを図ったり、あるいはさらに借金しようとしたり、ときには謝礼としての冥加金を上納させたりしたのである。

この種の例は、あまりにも多い。江戸時代後半の村方文書を見ると、ほとんど必ずといってよいほど、実例にぶつかる。具体的な一例を、次に挙げてみる。

相模国中郡西富岡村（伊勢原市西富岡）は、旗本戸田家の四百石の知行所だった。延享三年（一七四六）も年貢の収納期になった十二月、戸田家の財政情況は、次のようだった。

当年の年貢米は、四二九俵余だった。しかし当年春の村方からの借用金の返済分として、まず二三六俵が差し引かれた。さらに昨年の借用金の返済分として、さらに一〇二俵が差し引かれた。とどのつまり戸田家が手に入れられたのは、わずか九一俵余だけだった。

一俵は四斗入りである。だから九一俵は、三六石四斗ということになる。この時期、一両で米は一石四斗程度だったから、換算すると二六両になる。

これが、四百石取りと称された旗本戸田家の全収入だった。直後、戸田家は、知行所の全農民に対して、御用金の借用を申し付けたが、すぐに拒絶されている。

それから約半世紀ほどたった文化七年（一八一〇）五月、戸田家の用人だった秋山勝之助は、次のような令書を知行所の名主仁左衛門に発した。

其の方儀、近頃、病身に相成り候ニ付き、このたび名主役、御免の儀の願い出、御聞き済み成され候。其の方の家、代々の役儀を数年も相勤め、またぞろ其の方儀も、名主勤役中、村方の取り鎮め等も行き届き、骨折り相勤め候ニ付き、格別の思召しをもって、このたび名主役御免、其の方一代苗字御免なされ、以後、名主上座年寄、仰せ付けられ候。有難く存じ奉り、おって病気も快く相成り候ハヾ、相応の御奉公をも相勤め候よう、いたすべく候なり。

文化七庚午年五月

知行所内

秋山勝之助(印)

堀江仁左衛門殿

この文書は、よく事情を示している。過去半世紀の間に、旗本戸田家はますます貧窮化し、知行所随一の富裕だった名主仁左衛門家に、財政的に大きく依存するようになっていたのである。

それを嫌った名主家では、「病身」ということを口実として、名主の辞任を申し出た。これに対して戸田家では、仁左衛門も名主辞任は認めたが、同時に通常の名主より、より上位の「名主上座年寄」に任じ、さらに苗字の公称を免許したのである。この文書の左下に宛名が「堀江仁左衛門殿」とあることに、注目される。

仁左衛門にしてみれば、きわめて名誉なことになる。当然、それまで戸田家に貸した金なども、人情の上からも取り立てられない。それどころか、直後に仁左衛門は、

冥加至極　有難き幸せに存じ奉り候。

という請状を提出しているから、従来からの戸田家への貸金の上に、さらに冥加金を上納したものと思われる。

貧窮化した旗本などがとった手が、これだった。知行所の富裕な百姓に、苗字公称の免許ということを、事実において売りつけたのである。

このようなことがあまりにも頻繁に行なわれたので、これに手を焼いた江戸幕府は、ついに禁令を発している。『徳川禁令考』前集四四所収、享和元年（一八〇一）七月の御触書（おふれがき）である。

百姓、町人が苗字を相名乗り、ならびに帯刀し候儀、其の所の領主、地頭より差し免し候儀は格別、用向きなど相達つし候とて、御領所はもちろん、地頭の者より猥り（みだり）に名字を名乗らせ、帯刀いたさせ候儀は、これ有るまじきことに候あいだ、かたく無用たるべく候。

この法令は、しばしば百姓、町人に対して、幕府が苗字・帯刀を禁じたものと解されているが、そうではない。むしろ対象は「領主・地頭」であって、これらが知行所の百姓、町人に「猥り（みだり）に苗字を名乗らせ、帯刀いたさせ」るのを、禁じたものなのである。

このような情況を知ると、通常に考えられてきた様子と、まったく反する事実が見えてくる。

たしかに江戸時代の百姓、町人は、通常では苗字を公称しなかった。しかし幕府や諸藩が禁じたからではなく、むしろ百姓、町人の側から、自粛したのである。

そして旗本や諸藩の藩士は、百姓、町人の苗字帯刀を厳しく禁ずるどころか、むしろ、それを強く奨励した傾向さえ窺われたのである。

なお蛇足になるが、「帯刀」というのは大小二柄を腰にすることで、脇差など一腰を身につけることではない。

## 苗字の私有と公称の義務化

江戸時代の一般庶民が苗字を公称しなかったということから、一つの迷信が生じた。一般庶民は苗字を持っていなかったのだと、多くの人々に信じられてしまったのである。

この迷信の壁を突き破ったのは、早稲田大学教授の洞富雄氏だった。日本歴史学会の機関誌『日本歴史』五十号に、「江戸時代の庶民は果して苗字を持たなかったか」という論文を投じ、若干の実例を挙げて苗字を公的に称さなかったにしても、私的に持っていなかったわけではないとされたのである。

「常識」という名の迷信の壁の一角が崩れると、壁の全体が倒壊するのは早かった。洞論文に続いて多くの研究が発表されて洞論文を補完し、その趣旨を徹底させていったのである。

ある論文は、一般庶民は神事に関係したときだけ、苗字を公称したと論証していた。ある研究は、神事のみならず、その他の私的な行為のさいにも、一般庶民が名字を名乗っていたことを実証した。ある論考では、一般庶民が苗字を公称しなかったのは、公的な場合だけだったと証明している。ある説では、有力農民だけではなく、水呑百姓でも苗字は持っていたとされた。

このような研究が積み重ねられて、やがて定説が成立した。従来からの「常識」を信じていた人々にとっては、まさに意外な事実が判明した。

一　江戸時代の一般庶民は、水呑百姓など最下層にいたるまで、全員が苗字を持っていた。

二　しかし一般庶民は、私的な場合にのみ名字を名乗ったが（私称）、公的な場合には名乗らなかった（非公称）。

三　知行所を持つ石取りの武士だけが、一般庶民の苗字公称を免許する権限を持っていた。

四　苗字公称という特権を持つ者は、極力、この特権が他人にも与えられることを阻止しようとしたので、一般農民の間で苗字呼称の自粛ということが徹底し、結果的に幕藩体制下での身分秩序の維持に貢献することになった。

五　町人の世界では、「伊勢屋」とか「駿河屋」などの屋号が、結局は苗字の代用の役を果たしていた。

ちなみに、……

数年前から刊行されつつある『角川日本姓氏歴史人物大辞典』シリーズは、ある意味では画期的である。県別に編纂されていて、江戸時代の各村々に存在していた苗字が、ほぼ網羅的に挙げられているからである。

たとえば、神奈川県の部である。これは『神奈川県姓氏家系大辞典』と題されていて、高野山金剛峯寺の一塔頭である高室院の檀那の名簿が収められており、江戸時代の相模国の各村々に、それぞれ数十ずつの苗字があったことが示されている。

このように江戸時代の一般庶民は、すべて苗字を持っていたのである。そして、すでに洞富雄氏が指摘しておられるように、自分の苗字を忘れてしまうようなことは、あり得ないはずだった。

だから明治維新後、四民平等を目指した明治新政府が、明治三年（一八七〇）九月四日、

今より平民の苗字、差し許さること、

という太政官布達を出したとき、全国一斉にすべての人が、苗字を名乗ることになるはずだった。しかし現実には、そうはならなかった。ひとつには永年の習慣からすぐには脱却できず、ひとつには布達の趣旨が、一般にまで徹底していなかったかららしい。

永年の間、一般庶民は苗字公称を自粛してきたのである。それが一片の布達で、簡単に変えられるものではなかった。また「苗字を差し許さる」というのは、〝名乗ってもよい〟ということであって、〝名乗れねばならぬ〟ではなかったのである。

いずれにしても一般庶民は、すぐには苗字を公称しようとはしなかった。困ったのは、明治政府で

ある。徴税や徴兵のためには、戸籍を備え付けておく必要があったからである。

そして明治四年四月四日、戸籍法が制定された。そして翌五年正月二十九日から、全国的に戸口調査が始められ、同年中に一応の戸籍が作成された。ときの干支によって、これを「壬申戸籍」という。

以上が、この間にかかわる通説である。しかし局地的には、例外もあったらしい。相模国大住郡西富岡村（伊勢原市西富岡）が、それである。もと旗本知行所だったからかも知れない。

いずれにしても、明治初年に里長だった堀江氏宅に、明治四年九月十二日付の『改正戸籍簿』が、現存している。

改正戸籍簿

第二十二大区九小区

相模国大住郡西富岡村

近世から近代への狭間が覗けて、きわめて興味深い。この時期、村内で第一番に裕福だった里長堀江氏の項を抜粋すると、次のようである。

堀江仁兵衛四十六歳

高　二十九石八斗二升三合七勺九才

田　二町九反壱畝十三歩

畠　七町六反八畝十六歩

高　四十二石二斗九升五合一勺六才
林　八反五畝歩
馬　一疋
伯母ハル　七十九歳
　上平間村鳥海八郎兵衛妻
叔母トメ　六十九歳
　上落合村荻原利右衛門妻
義母イヨ　六十九歳、没
（中略）
下男兼蔵　二十歳
　大住郡粕屋村伝九郎倅
下女ユキ　四十二歳
　大住郡日向村惣兵衛娘

『戸籍簿』と銘打ってはあるが、内容はきわめてユニークである。田・畠・山林および馬にいたるまでの財産が書き出されており、しかも面積から持ち高までが記されている。肝腎の戸籍面になっても、他家に嫁いでいる伯母・叔母の名前、年齢から、嫁ぎ先の夫の名前までが記されている。このとき婚家に苗字があることは、見逃せない。

さらに下男、下女の名前と年齢、さらにその実家までが書き上げられている。注目すべきは、下男、下女の実家については、苗字が記載されていないことである。

この堀江家に残る明治四年の『戸籍簿』を見ると、近代的戸籍の最初とされる明治五年の「壬申戸籍」の作成が、順調にはいかなかった事情が、よく判る。財産目録までも書き上げるのだと、誤解されたのだろう。いわゆる「壬申戸籍」では、財産までは記されてはいない。

それでも「壬申戸籍」の作成は、順調には進まなかった。苗字公称が許可されたのを好機として、古くから持っていた苗字を変更しようとする者もあり、父、兄、弟でありながら、別々の苗字を届出る者があったりしたのである。

だから、苗字、屋号、名前などを改称するのは、すぐに禁じられた。また同一家族であれば、苗字も同一でなければならぬともされた。

しかし今から見ると、奇妙なこともあった。妻が夫の名字を名乗らず、実家の苗字で届出ていても、なんの咎めも受けなかったのである。

いずれにしても明治五年の暮れ、粗雑ではあったが、ほぼ全国で「壬申戸籍」が完成した。直後の翌年正月十日、徴兵令が制定され、やがて実施された。戸籍作成の目的がなんだったかを、よく物語っている。二十歳になった男子のうち、主に貧農の二男以下が徴兵されたという。

ちなみに明治五年作成の「壬申戸籍」には、まだ苗字なしで登録されている者が見出される。永年の習慣から、まだ脱却できなかったのである。周囲の目を憚って、苗字を届出なかったらしい。

そして明治八年二月、政府から太政官布達が出された。

自今、必ず苗字を相唱うべし。もっとも祖先の苗字、不分明のむきは、あらたに苗字を設くべし。

前述したように苗字の公称は、江戸時代には格別な特権だった。年貢の前納や貸金の棒引きに対して、特別に免許されたのである。その特権が、いま庶民一般に許されたのである。突然のことに当惑した者が、尻込みをして、

「先祖以来の苗字は、忘れました」

と答えた例が、案外に多かったのだろう。この太政官布達は、そのような抜け道も封じたのである。

続けて同年十二月、またまた太政官布達が出された。婚姻、養子縁組、離婚、離縁などを届出るさいに、苗字を新設してもよいというのである。こうして苗字の公称は、国民全員の義務となったのである。

しかし、まだ、妙なこともあった。明治九年三月の太政官の指令である。

婦女、人に嫁するも、なほ所生の氏を用ゆべき事、但し夫の家を相続したる上は、夫家の氏を称すべき事。

女性は結婚しても、実家の苗字を名乗れというのである。ここに江戸時代に水戸藩で編纂した『大

日本史』や、頼山陽が著した『日本外史』の影響が、強く感じられる。源頼朝の妻が「平氏」で北条政子であり、織田信長の妻は「斎藤氏」だったのである。

一方、苗字公称が国民の義務になっても、まだまだ一部には混乱があったらしい。そのことを示すのは、次の二令である。

明治九年八月三日、父と子は同じ苗字でなければならないとし、同年五月九日および同十年二月九日には、家族の苗字は戸主の苗字と同じでなければならないと、政府は指令したのである。

父と子、あるいは兄と弟とで、別々の名字を名乗るようなことが、まだまだあったのである。

そして明治三十一年（一八九八）六月二十一日、いわゆる旧「民法」と「改正戸籍法」が公布された。女性は結婚すると、夫の苗字を名乗らねばならなくなったのである。妻は夫に服従すべきであるという思想が、この法令の根底にはあった。

それから約半紀がたった。昭和二十年、日本は初めての敗戦を経験した。同二十二年五月三日、新「憲法」が施行され、同十月二十六日、不敬罪や姦通罪が廃止となり、同十二月二十二日、新しい「民法」が公布された。

男女同権ということが謳われて、結婚した夫妻は、どちらの苗字を名乗ってもよいが、とにかく同一の苗字でなければならないとされた。

さらに昭和五十一年、離婚した旧夫妻の苗字は本人の自由選択とし、旧姓あるいは結婚していたときの苗字を、そのまま名乗っていてもよいことになった。

さらに平成元年頃から、新しい意見も出されるようになった。夫婦であっても、別姓でよいではないかというのである。いわゆる夫婦別姓論である。この議論の行く末は、まだ判然とはしていない。

しかし「姓名」と「名字」あるいは「苗字」とは、いままで繰り返し述べてきたように、まったく別のものなのである。

# 実名について

## 動物名から麻呂・丸へ

ここで本書の冒頭に戻って、「畠山荘司平次郎重忠」について、もう一度、考えてみたい。もともと「畠山」は〝地名〟であり、これが〝畠山家〟という家系の〝家名〟になる。また「畠山荘」は、まさに〝地名〟そのものであり、「荘司」は〝役職名〟である。そして「平」は天皇家との関係を示す〝姓名〟で、「次郎」は次男であるということを示す〝仮名(けみょう)〟だった。「畠山荘司平次郎重忠」と名乗りは長々(ながなが)しいが、分解してみると地名・家名・役職名・仮名などばかりである。

結局、いわゆる畠山重忠という人間自身の名前は、最後の「重忠」という部分だけということになる。人間あるいは人物としての名前だというので、これを〝人名〟と呼ぶムキもある。また一個人の名前だからというので、〝個人名〟と呼ぶムキもある。しかし一般的には〝実名〟で通っている。

ちなみに中国や韓国でも、家名の次に実名が来る。欧米などは逆で、実名＋家名である。東西のこの相違も、何事かを示しているようで、興味深い。

いずれにしても〝実名〟にも、時代別の特徴や時期による流行もあった。「大正」年号の時代が過ぎて「昭和」年号の時代に入ると、最初の十数年ほどの間は、「昭」「和」の文字が流行した。昭雄、昭夫、昭彦、和彦、和夫などであり、女性では昭子、昭代、和子、和代、和江などである。

これを「昭和」年号の時代全般に拡大してみると、男性に多かったのは「―彦」「―太郎」「―夫」で、女性では「―子」「―代」「―江」だった。

ところが、「平成」年号の時期に入ると、情況は一変した。さすがに「平彦」や「平子」は見られなくなる。むしろ年号が、実名に影響しなくなったのである。

男性では誠、剛、元、肇、純など、一字名が目立つ。女性の名前の変化は、あまりにも顕著である。志織、美沙、リサ、ミキ、亜美、絵里など、欧米風の発音が主体で、文字には意味がなくなったのである。

このような観点に立って日本史を概観すると、やはり各時代ごとに、それなりの特徴が見出される。それぞれ単なる流行というにとどまらず、それぞれの時代の思潮や身分意識なども、示されているようである。

大和朝廷の頃の上流階級での実名は、主に『日本書紀』から拾い出せる。男性に多いのは「―彦」

であり、女性には「―媛」「―姫」が目立つ。

倭彦、手彦、磐余彦、御間城入彦であり、広媛、振媛、甘美姫、長足姫、磐長姫、木花咲耶姫などである。

やや極端なことをいえば、大和時代の上流階級の男性はすべて「―彦」であり、女性はすべて「―媛」あるいは「―姫」だった感がある。いわゆる「お姫さま」という意識は、まだ感じられない。

しかし一方では、女性の実名として、「―郎女」あるいは「―郎子」というのも、同時に目立っている。稚郎女、円郎女、麻績郎子、茨田郎子などである。のちに太郎、次郎など、「郎」という文字が男性専用となることを思うと、やや奇異な感もなくはない。

それにしても大和時代の男性の実名で目立つのは、動物の名前が多いということである。聖徳太子の時期前後の蘇我氏三代の実名が、馬子（馬）―蝦夷（海老）―入鹿（海豚）だったことは、よく知られている。

巨勢猿臣（猿）、大伴囓連（鼠）、東漢直駒（馬）、宍人臣鴈（雁）、中臣連烏麻呂（烏）などのほか、鯖麻呂、猿取、鹿人など、この種の例は豊富である。

なかでも多い動物は、馬、鹿、猿、虎、牛である。動物の持つ生命力への憧憬、あるいは動物の精気を我が物にしたいという願いが基礎にあって、その上にアニミズム的な実名になったと思われる。すでに実名に、神秘的な呪術性を意識していたのである。

ちなみに『日本書紀』には、数ヵ所、気になることがある。かなりの重要人物について、実名が記されていないのである。

欽明天皇の治世、遣百済使になった某は、

「内臣（うちのおみ）名を闕（もら）せり」

とあり、推古天皇の治世、遣隋副使に、

「矢田部臣（やたべのおみ）名を闕せり」

とあり、同じく推古天皇の治世、新羅征討軍の大将軍境部臣（さかいべのおみ）と副将軍穂積臣（ほづみのおみ）について、

「並（なら）びに名を闕（もら）せり」

と注記されているのである。

遣百済使の「内臣」、遣隋副使、そして新羅征討軍の大将軍と副将軍である。いずれも重要人物である。そう簡単に実名が忘れ去られるとは思われない。

ちなみに大和時代からかなり降った後世になっても、実名には神秘な呪術力あるいは生命力があると、信じられていた。他人に実名を知られると、呪詛される危険があるとも、思われていた。さらに他人から実名で呼ばれると、もともと実名が持っていた呪術力あるいは生命力が、消えてしまうとも考えられていた。

だから人々は、自分の実名を、他人には知られないように努めた。そのような意味で、実名のこと

を、諱名（諱）ともいった。〝イミナ〟、つまり〝忌名〟で、〝他人に知られるのを忌む名〟の意味である。

とくに女性の場合、他人に実名を知られると、征服されてしまうと危惧し、朝廷に出仕するようになっても、実名は名乗らなかった。紫式部、清少納言、小野小町など、実名が未だに不明なのは、それである。

なお『万葉集』の冒頭の和歌は、雄略天皇が一人の乙女を口説いたものである。

この岡に、菜摘ます児
家、聞かな、名告らされ

「家はどこか、名前を聞きたい」といっているわけだが、尋ねられた乙女が実名を名乗れば、雄略天皇の愛を受け入れたことになるのである。

このように実名公称を忌避するという風習は、実名敬避と呼ばれている。そこから生まれたのが「通称」である。実名ではないが、偽名でもない。他人に知られても、呪術力はないから安心だという名前である。

この「通称」には、二種ある。長男・次男などの順を示す太郎・次郎などの「仮名」型と、大石内蔵助、西郷吉之助の「内蔵助」や「吉之助」などの律令官職名型とである。前述の紫式部・清少納言などは、後者の例である。

いずれにしても『日本書紀』に「名を闕（もら）せり」とあるのは、この時代に実名敬避の風が、すでにあったことを示している。

現代で実名の呪術力を信ずる人は、それほど多くはない。しかし実名敬避の風は、いまでも脈々と続いている。部長・課長・先生などの語は、現代での通称かも知れない。

最近の恋人同士が実名で呼び合っているのは、たがいに相手を支配しようとしている表れだろうか。亭主関白あるいは〝かかあ天下〟を、目指しているということだろうか。

ところで大和時代の実名で注目されることに、「―麻侶（まろ）」というのが散見されることである。「鯖麻侶」「猿麻侶」などである。

この点については喜田貞吉氏は、「マロという名の変遷」（『社会史研究』十―二、三）において、自称（第一人称）としてのマロが先行し、これが人名に用いられるようになったとされている。

しかし大和時代には徴証史料が乏しいこともあって、大和時代に厳密な意味で第一人称として用いられたマロの例は、ついに管見には入らなかった。むしろ平安時代中期以降、第一人称としてのマロの用例が、きわめて多く見られる。

いずれにしても大和時代に散見される「―麻侶」という実名は、奈良時代に入ると、「―麻呂」と文字が変わり、同時に爆発的に増加する。

ちなみに現存する関東最古の戸籍は、正倉院で発見された「下総国葛飾郡大島郷戸籍」である。いまは『寧楽遺文』（上）に収録されている。養老五年（七二一）の編纂で、そのうちの「甲和里（こうわのさと）」は、いまの東京都江戸川区小岩に比定されている。

そのなかから、便宜、一家十人の分を抽出引用すると、次のようである。なお「正丁」は二十一歳から六十歳までの良民の男子で、三人に一人の割合で徴兵されることになっていた。また「耆老」は六十六歳以上で、男子でも兵役は免除されていた。

戸、孔王部（あなほべ）真泰、年参拾捌（三十八）歳、正丁
母、孔王部伊呂売（いろめ）、年陸拾玖（六十九）歳、耆老
弟、孔王部大麻呂、年参拾参歳、正丁、兵士
弟、孔王部徳麻呂、年弐拾玖歳、正丁
弟、孔王部麻麻呂（あさまろ）、年弐拾肆（二十四）歳、正丁
妹、孔王部古阿由売（こあゆめ）、年参拾伍歳、丁女
妹、孔王部古奈売（こなめ）、年弐拾玖歳、丁女
従父弟、孔王部若麻呂、年参拾歳、正丁
母、孔王部比米都売（ひめつめ）、年伍拾弐歳、丁女
従父弟、孔王部古麻呂、年弐拾弐歳、正丁

男性はもちろん、女性にいたるまで、全員が姓名を名乗っていることに、まず注目される。そして

男性では、一人を除いて他はすべて「―麻呂」であることにも、注目される。

奈良時代には、これほどまでに、「―麻呂」という実名が、流行していたのである。なお女性の全員が名乗っている「―売」は、いわゆる〝―女(め)〟の意味であると思われる。

ちなみに「―麻呂」という実名は、下級社会から始まったと、一般には見られている。しかし奈良時代には、上流階級にも数多く見られる。『続日本紀』などからは、次のような例が目に付く。

和気清麻呂、君子伊勢麻呂、久米奈保麻呂　桑名倭(やまと)万呂、桑原伯万呂、高屋連(むらじ)赤麻呂　高大万呂、高史佐美万呂、紀少鯖万呂

「麻呂」と「万呂」の違いはあるが、発音は同じである。姓名をはずして例示すれば、古麻呂・多麻呂・白万呂・難波万呂・益麻呂・宮麻呂などなど、まさに枚挙にいとまがない。

このように麻呂型実名の流行は、平安時代まで続いた。飯沼賢司氏は「人名小考」(『荘園制と中世社会』)において、「九世紀前半までは、『マロ』は地域を問わず、あらゆる階層に見られた」と指摘しておられる。

ちなみに、あまりに才気走ると角(かど)が立つので、才能などを見せないという意味で、丸(まる)に由来した「麻侶」あるいは「麻呂」が、実名として用いられたのだというのが、国語学あるいは民俗学からの指摘である。つまり「―麻呂」という実名には、卑下あるいは謙遜の意味があったというのである。

いずれにしても奈良時代を頂点として、卑下あるいは謙遜の意味を内包する「―麻呂」型実名が、

爆発的に盛行した。そのような流行が九世紀後半に終熄すると、二種の現象が生じた。ひとつは上流階級でのことで、もうひとつは、いわば下層社会が中心であった。

上流階級で起こったのは、「麻呂」あるいは「麿」が、貴族階級の男子の第一人称になったということである。いわゆる平安貴族が、〝私〟とか〝俺〟というような意味で、「麻呂」あるいは「麿」を用い始めたのである。

●『土佐日記』承平五年（九三五）正月

ある人の子の童（わらわ）なる、ひそかに言ふ。

「まろ、此の歌の返しせん」

●『落窪物語』巻一

昨夜は参らで、今朝、参らむも、げにまろが知りたることと思ほさめ。

●『義経記』巻六

院宣には、まろが計らひにあるべからず。

この種の用例は、いくらでも挙げることができる。大和時代に「―麻侶」という実名が始まり、奈良時代に「―麻呂」型実名として爆発的に盛行したものが、平安時代に入って実名呼称としては消失したが、反面では「麻呂」あるいは「麿」という語となり、貴族階級男子の第一人称として定着したのである。この種の用例は、ついに江戸時代の末まで続くことになる。

もうひとつ、「─麻呂」型実名の終熄と同時に下層社会で始まった現象については、前記飯沼賢司氏の研究に詳しい。「─麻呂」という語が「─丸」と変形して、下層社会の特殊な人々の実名になったというのである。

飯沼氏の挙げられた例として、呪師の「愛王丸」、猿楽師の「小野福丸」、牛飼の「小犬丸」と「滝雄丸」、もと罪人だった放免の「黒雄丸」、下人身分の「高太入道丸」と「乙王丸」と「子春丸」などである。

もともと「麻侶」、「麻呂」の語に内包されていた卑下あるいは謙遜の意味が、いわば発展したかたちで蔑称となり、ついに当人までがこれを名乗るようになったのである。

この場合に注目すべきことは、「─丸」を名乗った呪師、猿楽師、牛飼、放免、下人などは、すべて成人した男子でありながら、童形をしていたということである。いいかえれば、これらの人々は、一生涯、元服をしなかったということである。

童形で元服以前ということになれば、今若丸、乙若丸、牛若丸などの童名が想起される。下層社会の人々に対する蔑称だった「─丸」という呼び名が、上流階級では童名として用いられたのである。

このような場合、単に蔑称というには、あたらないだろう。現在でも我々は赤ん坊に対して、「おチビさん」などと呼ぶことがある。やや愛称に近い感もある。しかし根底には、目上の者あるいは成人の立場から、元服以前の者を見下す気分がなかったとは、やはり、いえない。

だから貴人の幼息を「―丸」と呼ぶことは、やはり敬意を欠いた不作法ということになる。それができるのは、その幼児の親あるいは祖父母だけということになろう。

だから源為義の幼息四人は、『保元物語』では、それぞれ「乙若殿」「亀若殿」「鶴若殿」「天王殿」で、いずれにも「丸」は付いてはいない。また源義朝の幼息三人は、『平治物語』に「今若」「乙若」「牛若」と記されている。

やや遡って菅原道真の童名は、『梅城録』に「阿呼」とあり、道真の童息三人は『菅家文草』に「阿視」「阿満」「小男」と記されている。『大鏡』によると、藤原資頼は「大千与きみ」、同伊周は「小千与きみ」、同隆家は「阿古君」、同道兼の長男は「福足」である。「―君」という敬称が付くことはあっても、「―丸」ではない。

北条氏に偏向する癖のある『吾妻鏡』では、北条泰時の童名は「金剛」とだけ記されていて、「―丸」ではない。しかし北条氏に敵対した三浦光村については、童名が「駒若丸」と記されている。やはり「―丸」という呼び方には、蔑称という感があったのである。

ところが鎌倉時代の最末期から南北朝・室町期にかけて、蔑称という感がなくなって、「―丸」という童名が一般化したようである。

河野通忠が「千宝丸」、同通堯が「徳王丸」、同通朝が「毘沙丸」、楠木正成が「多聞丸」、足利氏満が「金王丸」、同成氏が「永寿王丸」、その兄二人が「安王丸」、「春王丸」などなど、その例は多い。

この童名にも、やがて通字あるいは通字らしきものが窺われるようになる。その最初は、鎌倉幕府の源氏将軍三代であろうか。頼朝の子および孫の代で、「万」あるいは「幡」という文字が見られるのである。発音は同じだから、本来は同一の文字だったかも知れない。

- 頼朝
  - 万寿（頼家）
    - 一万丸
  - 三幡姫
  - 千幡（実朝）

そして鎌倉北条氏の北条時頼より以降では、代々の童名に「寿」の文字が見られる。いわば童名にも、通字が成立したかのようである。

北条氏の童名の通字が「寿」であったことには、それなりに意味があったと思われる。時氏が二十八、経時が三十三、時頼が三十七、時宗が三十四と、いずれも長命ではない。さらに歴代の北条氏は、若干は安達氏の血が入ることはあっても、基本的には同族結婚が多かった。このようなことに、「寿」を通字とした背景が感じられる。

- 戒寿（時頼）
  - 宝寿（時輔）
  - 聖寿（時宗）
    - 幸寿（貞時）
      - 菊寿（夭折）
      - 金寿（夭折）
      - 千代寿

成寿（高時）―万寿（邦時）
　　　　　　―長寿（時行）（亀寿）
泰家―兼寿
　　―金寿
福寿（宗政）―師時―万寿（貞規）

なお右の系図のうち、泰家と師時とについては実名を記したが、これは二人の童名が判らなかったからに過ぎない。多分、やはり「―寿」だったと思われる。また北条氏歴代の童名には、いずれも「丸」は記されてはいない。

いずれにしても鎌倉時代の後半の時期に、わずか一例でしかないが、歴代の童名に通字が見られたわけである。そして室町時代に入ると、歴代の童名がみな同一という例まで見出される。室町幕府の管領家だった細川氏では、次代の家督を嗣ぐべき者とされていた人物の童名が、すべて「聡明丸」だったのである（左の系図でゴチックとなっている人物の童名が、みな「聡明丸」である）。

和氏
頼春―**頼元**―**満元**―持之―**勝元**―**政元**……（養子）澄元―**晴元**―**昭元**

同じようなことが、平安中期からの名族佐竹氏でも見られた。しかし開始はやや遅く戦国時代のことだったが、江戸時代まで続いている。次代の当主と目された人物の童名が、みな「徳寿丸」だったのである。途中で童名が「徳寿丸」でなかった者は、養子であった。左の系図でゴチックとなっている人物の童名は、みな「徳寿丸」である。

**義篤**―**義昭**―**義重**―**義宣**……（養子）義隆―**義処**―義格―義峯―**義堅**―**義真**……（養子）義明

この佐竹氏の場合には、養子が入って系統が変わると、童名も変化したという例になる。源平合戦期からの名族である薩摩島津氏では、養子が入ったことによって「―房丸」系から「虎寿丸」系へと系統が変わり、さらに「又三郎」を多数とする「又X郎」というような仮名（けみょう）型へと変わって、いささか複雑になっている。開始は鎌倉最末期である。

又三郎（氏久）―又三郎（元久）―久豊―虎寿丸（忠国）―又三郎・安房丸（立久）―又三郎（忠昌）―又三郎・安房丸（忠治）―又六郎・百房丸（忠隆）―又八郎・宮房丸（勝久）……（養子）又三郎・虎寿丸（貴久）―又三郎・虎寿丸（義久）……（養子）又四郎（義弘）―又八郎（家久）―又三郎・虎寿丸（光久）―又三郎・虎寿丸（綱久）―又三郎・虎寿丸（綱久）―又三郎（吉貴）―又三郎（継豊）―又三郎（重年）

大江広元の末裔である長州毛利氏も、面白い。童名が判る初代である広房は、南北朝期の人である。

亀若丸（広房）―光房―煕元―松寿丸（豊元）―千代寿丸（弘元）―幸千代丸（興元）―幸松丸―松寿丸（元就）―隆元―幸鶴丸（輝元）―松寿丸（秀就）―千代熊丸（綱広）

南北朝期には「亀若丸」というありふれたものだったのが、室町中期以降、「松寿丸」型、「千代―丸」および「―千代丸」型、そして「幸―丸」型の三種が、微妙に交代している。

なお有名なのは、徳川将軍家である。初代の家康が竹千代だったので、四代将軍までは竹千代だった。

家康（一）（竹千代）
├信康（竹千代）
└秀忠（二）──家光（三）（竹千代）
　　　　　　├家綱（四）（竹千代）
　　　　　　└綱吉（五）

家康が後嗣に擬していたのが信康だったことは、この童名でも知られる。兄の跡を綱吉が嗣立してからは、幼名が竹千代ではなくなったことも、興味深い。

なお童名は幼名ともいう。「―麻呂」型実名が転化して、一方では公卿男子の第一人称になり、他方では常に童形をしている賤民の実名になり、これが大きく転化して童名になったのである。

## 嵯峨天皇期の大転換

奈良時代に「―麻呂」型の実名が盛行したということから、ついつい横道に逸れて童名をテーマとして江戸時代にまでいってしまったが、ここで本道に戻って平安時代以降の実名の歴史に入ることにする。

『日本人の名前の歴史』という本書のタイトルからすれば、どうしても欠かすことのできない人物がある。第五十二代嵯峨天皇である。

都を奈良から京都に遷した第五十代桓武天皇の第二親王だった。桓武天皇の跡を嗣立した兄の第五十一代平城天皇が病身だったので、大同四年（八〇九）四月一日、その譲りを受けて皇位に立った。二十四歳だった。

直後、式家流藤原氏の仲成・薬子（くすこ）の兄妹を側近に擁した平城上皇が、奈良に奔（はし）って奈良への還都を策した。奈良と京都の二所の朝廷の対立である。

このとき嵯峨天皇は、きわめて果断だった。桓武朝の頃から蝦夷征討で勇名を馳せていた坂上田村麻呂を起用して、征討軍を奈良に向けたのである。

結果は、大勝利だった。藤原仲成は射殺され、妹の薬子は毒を仰いで自殺した。そして兄平城上皇は、嵯峨天皇が願っていた通りに殺されることなく、平城離宮で謹慎の身となった。弘仁元年（八一〇）九月の薬子ノ乱である。

薬子ノ乱で政治力を発揮した嵯峨天皇であるが、真骨頂は文化面にあった。とくに唐風好みは顕著で、漢詩文を集めた『凌雲集』『文華秀麗集』『経国集』などは、その精華であり、中国風の律令政治の整備のため『弘仁格』『弘仁式』が編纂されたのも、この時期のことである。

とにかく嵯峨天皇は、唐風好みが強かった。宮中での礼法や服色は、すべて唐風に変えられた。

大内裏の諸門に「建礼門」「承明門」「春華門」などと唐風の名前を付けたり、京都の市中の北辺を「北辺坊」、一条を「桃花坊」、二条を「銅駝坊」などと、これまた唐風に命名したりしたのも、やはり嵯峨天皇の好みからだったらしい。ちなみに奈良の都には、このようなものはない。門や町の名前まで唐風化させた嵯峨天皇である。自分が天皇である日本の国民たちの名前を唐風化させたのは、もちろんだった。この意味で嵯峨天皇は、まさしく『日本人の名前の歴史』に大きな影響を与えたということができる。

嵯峨天皇が『日本人の名前の歴史』に与えた影響は、いくつかの点に分けて見ることができる。詳述する前に要点を個条書きにしてみると、次のようになる。

(1)「源」姓の開始
(2) 童名（幼名）の開始
(3) 漢字二字の実名の開始
(4) 系字の導入

(1)の「源」姓の開始については、本書「姓名について」で先述してある。弘仁五年（八一四）五月八日、嵯峨天皇が五十人の皇子・皇女のうち、それぞれ四人ずつを臣籍降下させたとき、「源」姓を賜与したということであり、続く十三皇子と十一皇子の臣籍降下にさいしても、すべて「源」姓が賜与されたということである。

五十人もの皇子・皇女の父だったということからも、嵯峨天皇が唐風の後宮を擁していたことが知られるが、「源」姓を選んだのも、『魏書』の「源賀伝」によっていたということで、やはり嵯峨天皇の唐風好みの反映だったことが判る。

続く歴代の天皇が皇親を臣籍降下させたので、結局は二十一流の源氏が成立したことも、先述してある。そのうちの村上源氏と清和源氏が日本の歴史に与えた影響については、いまさら喋々する必要はないだろう。

その「源」姓賜与の初例を、嵯峨天皇が開いたのである。『日本人の名前の歴史』に対してだけではなく、〝日本の歴史〟そのものに大きな影響を与えた事件であった。

(2)の童名（幼名）の開始については、つい先走って、前節で〝開始〟以降の〝変質の過程〟について、すでに詳述してしまった。これも、中国にあった風習を、日本に導入したものらしい。

童名呼称の日本での開始時期を、嵯峨天皇の時期であると論証したのは、前記の飯沼賢司氏である。同氏が発見された日本最初の童名は、菅原道真の「阿呼」であり、次が道真の三人の子息の「阿視」「阿満」「小男」である。

弘仁十四年（八二三）に退位した嵯峨天皇は、承和九年（八四二）に死ぬまで、文化的な影響を周囲に与え続けていた。そして菅原道真が生まれたのは、承和十二年（八四五）だった。道真の父菅原是善が道真に童名を与えたのは、やはり嵯峨天皇から受けた影響の下だったと考えられる。

その後、童名呼称の風はしだいに定着し、やがて「―丸」型として成立するが、一方では成人した賤民が生涯「―丸」と名乗る風をも生じたことは、先述してある。

なお賤民ではないが、謀叛の賊首藤原純友の子が「重太丸」であったり、北条氏に敵対した三浦光村が「駒若丸」だったりという例も、無視できない。文治元年（一一八五）に四十七歳で上洛した北条時政が、京都の公卿九条兼実から「北条丸」と呼ばれたことも、注目される。

また一生涯、童名を名乗ることになっていた賤民は、その童名の示すように、一生涯、童形だった。つまり生涯、元服をせず、成人だったら当然の冠を付けなかったのである。

このことから、有名な山賊である「酒呑童子」「茨木童子」「伊吹童子」などは、いずれも、この線上で考えることができる。

嵯峨天皇の『日本人の名前の歴史』に与えた諸業績のうち、もっとも大きかったのは、(3)の〝漢字二字の実名の開始〟と、(4)の〝系字の導入〟である。

それまでの実名には、「三河麻呂」「比良夫（ひらぶ）」「不比等（ふひと）」「磨」など、一字あるいは三字、ときには五字以上にも及ぶ長いものがあった。これを、為義、義朝、頼朝、頼家、実朝など、嘉字二字の実名とする風を奨励したのである。

なお「系字」というのは、兄弟が実名のうちの一字を共有して、一定の先祖あるいは親から同一の世代（これを〝系〟という）であることを、世に示す文字である。

いずれも唐風の導入ではあるが、嵯峨天皇自身は、部分的には、これを破っている。親王のままで置いた場合には、「良」の文字を系字として、正良、秀良、業良などと二字にしたが、臣籍降下させた皇子は、信・弘・常など一字名にしたのである。しかし前代の平城天皇の親王が、高岳・巨勢・河保など、相互に開運がない名前で、まだ系字が用いられていないことに注目される。

また女性である内親王には、正子・秀子など「―子」型が採用されていることに注目される。もともとは天皇の皇女で、内親王身分が許された女性の名だったのである。

なお女性でも、嵯峨天皇から「源」姓を賜与されて臣籍に降下した場合には、「―姫」と記されている。しかし「―姫」というのは敬称で、実際には「貞」「潔」というように一字名で、「―子」は許されていなかったものと思われる。

嵯峨天皇の次代の淳和天皇の親王については、「恒」と「貞」というように、系字が二種あることにも、注目しておきたい。まだ系字という風習が、完全には確立していなかったのである。

嵯峨天皇の孫、第五十五代文徳天皇の世代では、すべて「康」を系字にしている。いわゆる系字風習が、完全に定着していたのである。

- 桓武（五〇）
  - 安殿（五一・平城）
    - 高岳親王
    - 巨勢親王
    - 阿保親王
  - 神野（五二・嵯峨）
    - 正良親王（五四・仁明）
      - 道康親王（五五・文徳）
      - 時康親王（五八・光孝）
    - 秀良親王

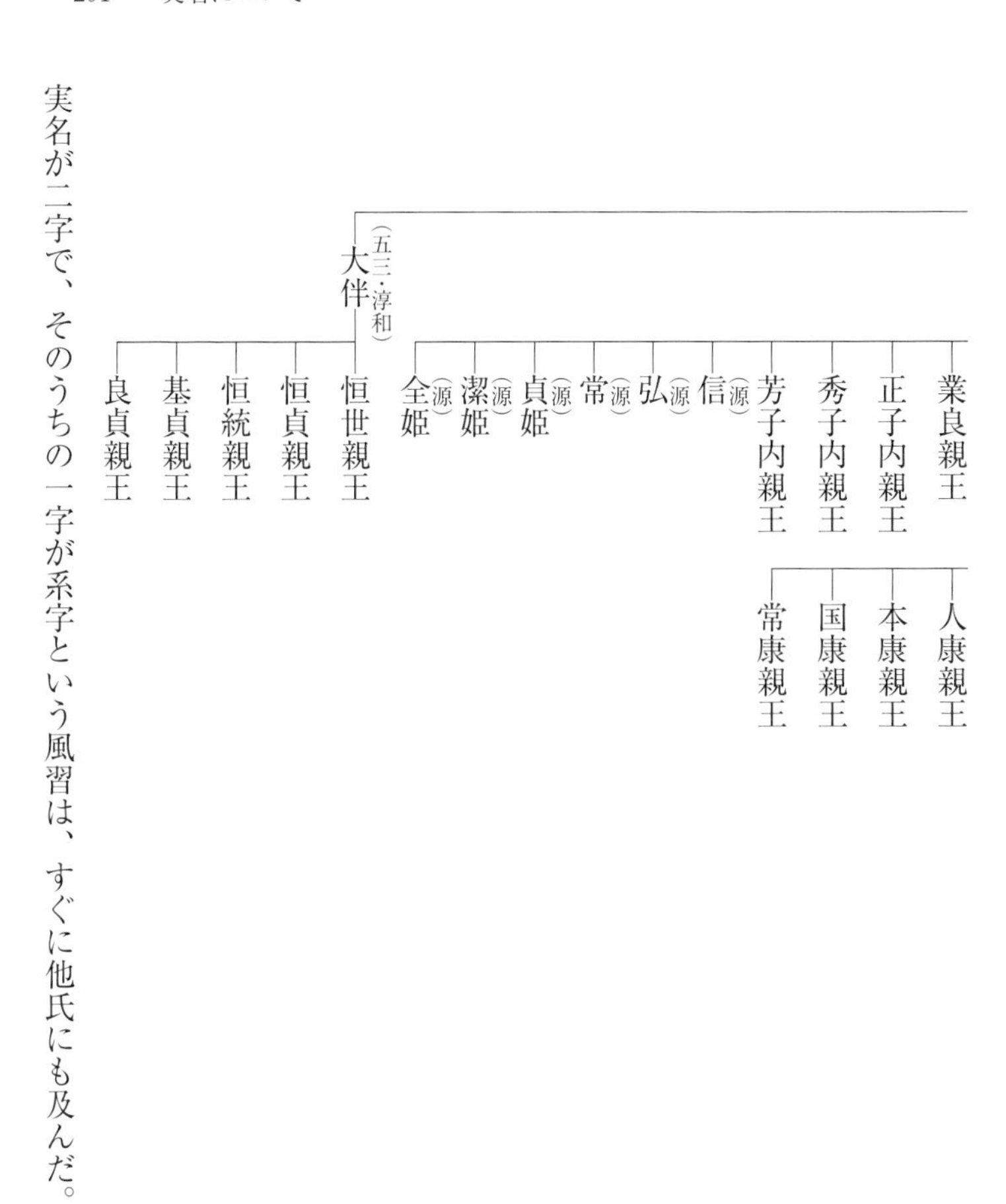


実名が二字で、そのうちの一字が系字という風習は、すぐに他氏にも及んだ。藤原氏北家で例示す

ると、次のようである。

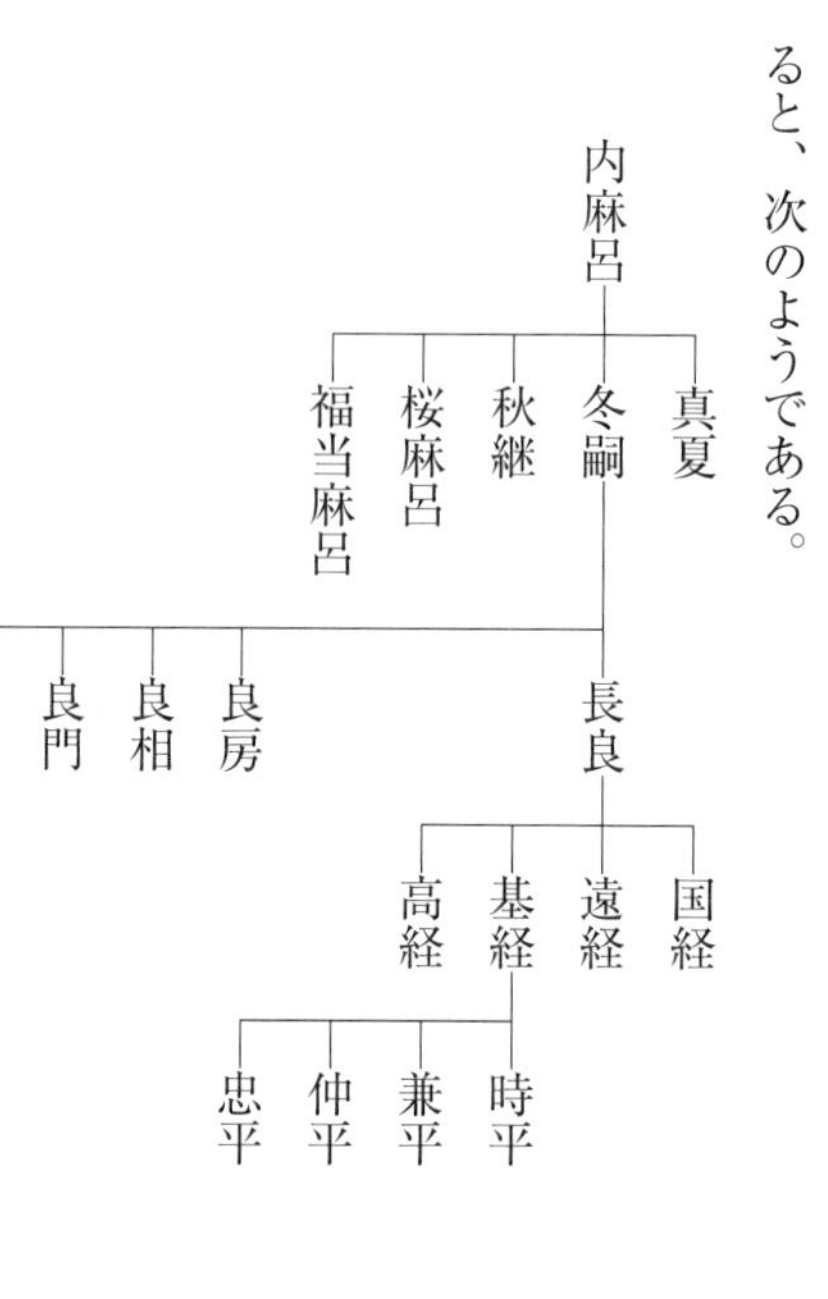


内麻呂自身は三字名で、その子の代では二字名・三字名、そして四字名まであり、二字名の三人も夏・冬・秋と、まるで故意でもあるかのように不揃いである。ところが冬嗣の子の代になると、「良」が系字になって二字名になっているが、その「良」を長男長良は下にしているのに対し、次男良房以下は上にしている。

そして長良の子および孫の代には、「経」および「平」を系字にした二字名で、ともに「経」「平」を二字名の下に据えて、整然とした配列になっている。唐風の実名の命名法が、しっかりと根付いているのが判る。

橘氏の場合でも、同様である。

- 島田麻呂
  - 真材
    - 峯範
    - 峯守
  - 長谷雄
    - 海雄
    - 数雄
    - 伴雄
- 清友
  - 氏公
  - 氏人
  - 弟氏

橘氏の場合、兄である島田麻呂の子二人には、まだ系字も現れず、真材と長谷雄のように、字数も一致しない。

しかし弟の清友の子は、ちょうど嵯峨天皇からの影響を受けやすい時期に子を儲けたらしく、その子三人には、「氏」という系字が早くも見られる。

このように嵯峨天皇が率先して天皇家に唐風の実名呼称の風習を導入すると、すぐに藤原氏や橘氏なども、これを受容したのである。同じことは、高階氏、菅原氏、大江氏などでも同様である。

そして承和九年（八四二）七月十五日、嵯峨上皇は五十七歳で死んだ。しかし系字風習は、それぞれの家系で、まだ続いた。しかし嵯峨上皇没後百五十年ほど後になると、これが大きく変化した。同一世代が横並びに一字を共有する系字が、父・子・孫と縦並びに一字を相続していく「通字」に変わっていくのである。

- 村上（六二）
  - 広平
  - 憲平（六三・冷泉）
    - 師貞（六五・花山）
    - 居貞（六七・三条）
    - 為尊
    - 敦通
  - 致平
  - 為平
  - 守平（六四・円融）
    - 懐仁（六六・一条）
      - 敦康
      - 敦成（六八・後一条）
      - 敦良（六九・後朱雀）
        - 親仁（七〇・後冷泉）
        - 尊仁（七一・後三条）
          - 貞仁（七二・白河）
            - 善仁（七三・堀河）
              - 宗仁（七四・鳥羽）
                - 顕仁（七五・崇徳）
          - 実仁
          - 輔仁
  - 昌平
  - 具平
  - 永平
  - 昭平

- 通仁
- 君仁
- 雅仁（七七・後白河）
  - 守仁（七八・二条）
    - 順仁（七九・六条）
  - 以仁
  - 憲仁（八〇・高倉）
    - 言仁（八一・安徳）
    - 守貞（後高倉）
      - 茂仁（八六・後堀河）
    - 尊成（八二・後鳥羽）
      - 為仁（八三・土御門）
    - 惟明
- 本仁
- 体仁（七六・近衛）

第六十二代村上天皇の皇子の世代、つまり冷泉・円融両天皇兄弟の世代では、「平」を系字にした二字名前が、きわめて整然と並んでいる。

しかし、冷泉天皇の皇子の世代では、新しい傾向の萌芽が見られる。四人兄弟のうち、「貞」を系字にしているのは二人だけで、他の二人には系字が見られないのである。

また円融天皇の一子一条天皇の実名が、「懐仁」だということも、注目される。これより以前、第五十六代清和天皇が惟仁で、「―仁」型実名の初代である。また第六十代醍醐天皇が敦仁で、一条天皇は「―仁」型の三代目ということになる。

その一条天皇の皇子三人は、まだ「敦」を系字とした二字名前で、これまた整然としている。そのうちの一人敦良親王（第六十九代後朱雀天皇）の皇子二人は、ともに「―仁」型である。この場合の「仁」は、まだ系字だということになる。

その「―仁」型兄弟二人のうち、尊仁親王（第七十一代後三条天皇）は、自分の実名のうちの「仁」を、三人の皇子に与えている。兄弟がヨコの関係で一字を共有する系字が、父・子というタテの関係で一字を共有する「通字」に、転換したのである。

ちなみに後三条天皇には、院政開始の意向があったか否かが、現代でも研究上の謎である。しかし後三条天皇が初めて天皇家に通字を導入したということを考えると、院政開始の意向はあったと見ることも可能である。

その後三条天皇から以降、「仁」という文字は、まさしく天皇家の通字となり、現代にまで続くことになる。このとき注目されるのは、皇位に即くことが最初は期待されていなかった皇子には、「仁」が付けられなかったことである。

源平合戦にさいして、平氏が安徳天皇を伴ってともに都落ちしなかったら、尊成親王が第八十二代後鳥羽天皇になることはなかっただろう。

その後鳥羽上皇が承久ノ乱で敗れて隠岐島に流されなかったら、守貞親王が後高倉院となって院政を布くようなことも、やはりなかったに違いない。

後鳥羽上皇が倒幕という陰謀を図らなかったら、守成親王が第八十四代順徳天皇になることも、懐成親王が第八十五代仲恭天皇になることも、これまたなかっただろう。

鎌倉幕府の将軍のうち、七代から以降は、天皇の皇子または皇孫だった。宗尊（むねたか）親王、惟康親王、久明親王、守邦親王である。いずれも「―仁」型でないことから、生まれたときから天皇になることは、期待されていなかったことが判る。

そして第九十六代後醍醐天皇は、尊治親王だった。これまた「―仁」型ではないから、もともとは天皇になるとは、思われていなかったことになる。文保元年（一三一七）、北条高時が文保ノ和談を行なったお蔭で、皇位に即（つ）くことができたのである。

いずれにしても天皇家では、後三条天皇の時期に、ヨコの系字からタテの通字に転換したのである。摂関政治から院政への転換と、まさしく一致していたことになる。

ほぼ同じ頃、藤原氏・大江氏など、多くの氏族でも、同じような現象が見られた。兄弟がヨコの関係で一字を共有する系字から、父・子・孫と続くタテの関係で一字を共有する通字に、転換したのである。

一例を、宇多源氏にとってみる。

時中
├扶義
└時通

時方―仲信―仲頼―仲棟―仲親
光遠―仲兼―遠兼―仲貞―時仲―基仲―資仲―朝仲―教仲―重仲―政仲―富仲
仲康―仲衡―仲朝―仲基

時中兄弟四人のうち三人までには、「時」という系字があるが、うち一人だけは系字を持たない。このことから、系字風習が崩れかかっていると、見ることもできよう。そして時方の子が、父と完全に関係のない仲信という実名を名乗ると、以降は「仲」が通字になって、これがはるか後世にまで続くことになる。

このように院政期の前後の頃から、ほぼすべての家系が、通字を持つことになる。

正盛、忠盛、清盛、重盛、維盛等々、桓武平氏本流の「盛」という通字は、きわめて有名である。その桓武平氏の諸分流では、時政、義時、泰時、時氏、経時、時頼、時宗、貞時、高時と続いた鎌倉北条氏九代の「時」、義村、泰村、光村、朝村、氏村など相模三浦一族の「村」、その三浦氏の分流佐原流の義連、盛連、経連、家連、重連などの「連」、大庭、長尾、俣野、梶原など名字は異なるが、景正、景村、景明、景親、為景、景久、景時など、「景」を通字とした鎌倉党。同じように江戸、川越、葛西、畠山、小山田、稲毛などと名字は別だが、重長、重頼、清重、重忠、重成などと、「重」を通字とした秩父党、常胤、胤正、成胤、胤綱、時胤、頼胤等々と、「胤」を通字にした千葉氏など、例はあまりにも多い。

ちなみに「通字」は、「名乗りの一字」あるいは「一字」ともいった。もともとの清和源氏の通字は「義」だったが、臣籍降下してから三代目の世代が「頼」を系字としたことから、「頼」も第二番目の通字になっている。

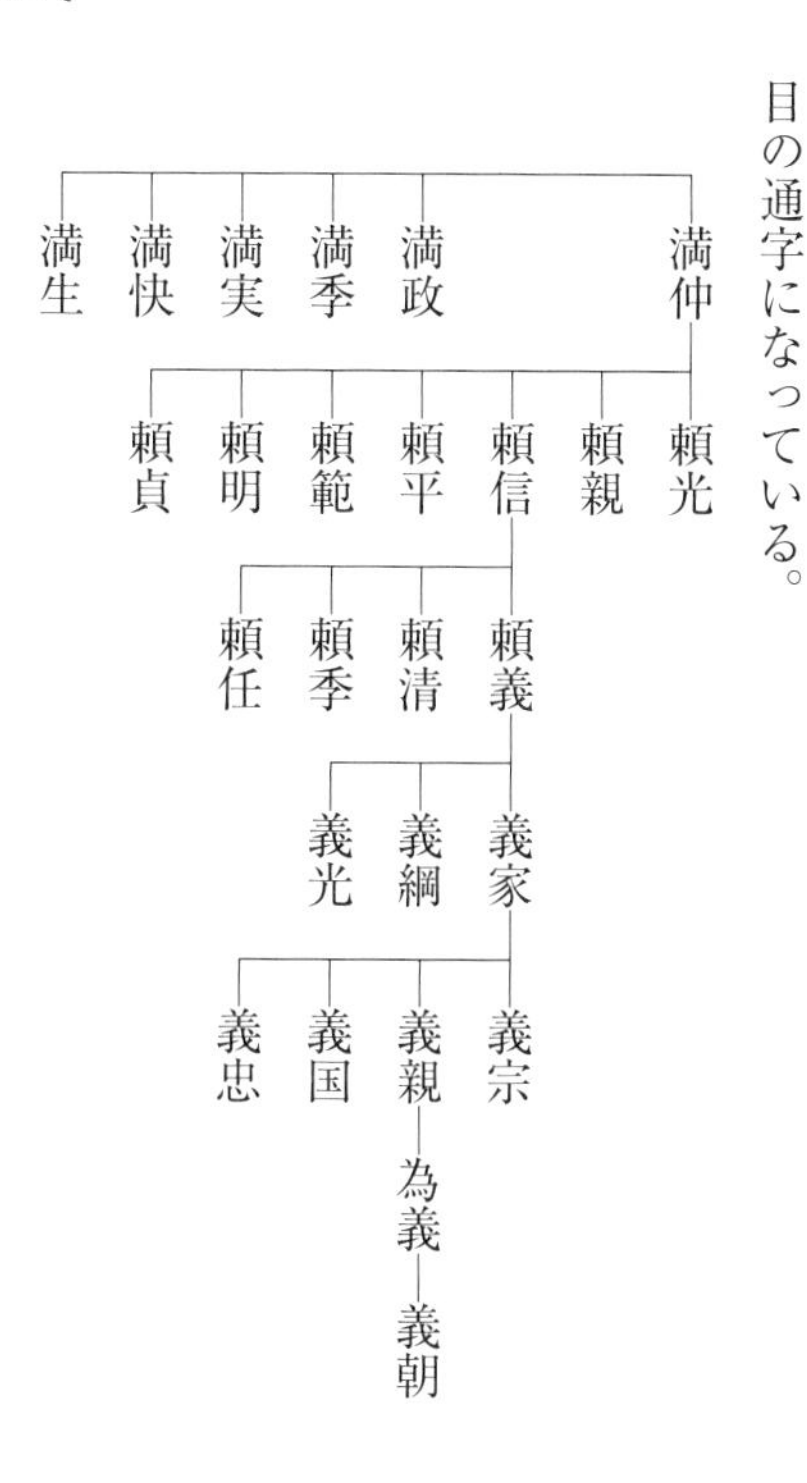


また清和源氏の足利流では、義氏、泰氏、頼氏、貞氏、高氏（尊氏）など、「氏」が通字だった。宇多源氏佐々木流では、定綱、信綱、重綱、頼綱、泰綱など、「綱」が通字だった。

はるか後世になると、織田家の「信」、豊臣氏の「秀」、徳川氏の「家」なども、この種の例になる。

江戸時代に入ると、通字にも変則が現れる。通字と発音は同じだが、違う文字を用いたりすることも、見られたのである。通字だった「助(すけ)」あるいは「介(すけ)」と同じ発音だが、通字ではない「祐(すけ)」を用いたのは、それである。

この種の例には、孝(たか)、敬、高、厚や、啓(けい)、敬、圭や、豪(ごう)、強、幸などがある。発音さえ同じなら、他の文字でも良いではないか、ということかも知れない。

## 改名・名簿奉呈、交名注進

古代・中世の人々の実名などを調べていると、現代では考えられもしないような実例に、突きあたることがある。よく考えてみれば、それはそれなりに、古代・中世の社会における〝なにごと〟かを、物語っている。

平安時代の中期、東国に村岡次郎平忠通という武士がいた。通常、村岡忠通(ただみち)という。大江山の酒呑童子を退治したことで有名な清和源氏の頼光の家来で、世に「頼光の四天王」と謳われた強剛の武士四人のうちの一人である。のち、その子孫が相模三浦一族になる。

その忠通の名は、『続群書類従』所収の「桓武平氏系図」や「三浦系図」には、たしかに「忠通」という名で記されている。『尊卑分脈』では「忠道」となっているが、読みは同じである。

しかし『今昔物語集』では、忠通は「貞通」という名で登場している。何故か。

保元元年（一一五六）ノ乱があった頃、関白だったのが、藤原忠通である。その忠通と同じ名だからというので、村岡忠通は「貞通」と改名させられたのである。

本人が死んでから、一世紀ほどは後である。当然、自分が死後に改名させられるとは、まったく本人には与（あずか）り知らぬことであった。

これに似た例が、源義経にもある。

文治元年（一一八五）、兄頼朝と対立して挙兵に失敗した義経は、仕方なく地下に潜伏した。謀叛人ということに、なったからである。

同じ頃、藤原摂関家の九条兼実の次男に、「良経（よしつね）」という人物がいた。文字は違うが、読みは同じ「ヨシツネ」である。謀叛人と摂関家の若様とが名前が同じではというので、謀叛人の方が、「義行」と改名することになった。

もちろん、地下を潜行していた当の義経自身には、まったく与り知らぬことだった。

この間、義経（義行）追捕の網の目は、厳しく張り巡らされていたが、いっかな義経は捕らわれなかった。そこで公卿たちの間で、一計が案じられた。「義行」という名は、〝よく行く〟という意味に通ずる。だから義経は、なかなか捕まらないのだというのである。

こうして義経は再度、改名させられることになった。今度の名は、「義顕」だった。〝よく顕れる〟

ということで、つまりは〝すぐに見付かる〟という意味だった。

しかし義経が見付からなかったことは、よく知られている。無事に奥州藤原氏のもとに、逃げのびたのである。

自分が二度も改名させられたということを、義経本人は知っていただろうか。いずれにしても改名したことによる御利益(ごりやく)は、ついになかったのである。

村岡忠通は、死後に改名させられた。源義経は、生存中に二度も改名させられた。これに対して、自分から改名したのは、室町幕府の六代将軍だった。

もともと僧侶だったので、将軍に就任するとき、還俗して足利義宣(よしのぶ)と名乗った。しかし直後、「よしのぶ」は〝世を忍ぶ〟に通ずるからとして、さらに義教(よしのり)と改名したのである。

改名して御利益があったかどうか、のち家臣の赤松満祐(みつすけ)邸で謀殺されている。嘉吉(かきつ)ノ変である。

生涯に改姓と改名を行なったのは、和気清麻呂(わけのきよまろ)の名で知られる人物である。いずれも、本人の意志ではなかった。

第十一代垂仁天皇から十五代目にあたっていた彼は、皇系氏族の出だというので、磐梨別公(いわなすわけのきみの)清麻呂と名乗っていた。しかし天平神護元年（七六五）、藤原仲麻呂ノ乱における戦功の賞として、藤野(とうのの)和気真人(わけのまひと)と賜姓された。

ところが神護景雲三年（七六九）五月には、吉備(きびの)藤野和気真人清麻呂と名乗っていたが、さらに輔(ほ)

治能真人を賜姓されている。理由は判らない。

そして同年九月、道鏡に関する宇佐八幡宮の神託事件で称徳天皇の忌諱に触れて、別部穢麻呂と改姓・改名をされて、大隅国に配流された。

ところが翌年八月に称徳天皇が死んで光仁天皇が即位すると、同九月には赦されて都に帰り、和気清麻呂と名乗っている。

清麻呂が穢麻呂と改名させられたことに、称徳女帝の怒りのほどが示されているが、一面、改名は犯罪者に対する処置の一種でもあったらしい。そのことを暗に示しているのは、以仁王の改名である。

治承四年（一一八〇）五月、後白河法皇の第二皇子だった高倉宮以仁王の陰謀が発覚した。清盛を中核とした平氏政権の打倒を、秘かに図っていたのである。

ただちに以仁王に、追捕の手が向けられた。このとき以仁王が皇籍にあるのを憚って、臣籍に降下させて源姓を賜与し、同時に以光と改名させている。

あやうく三井寺に逃れ入ったとき、自分の名が源以光となったことを本人が知ったかどうか、定かではない。直後に宇治川辺で戦死したことは、よく知られている。

以上の諸例が示すように、古代・中世の人々は、実名は人格そのものであり、精神的あるいは呪術的なアニマが潜んでいると、本気で信じていたらしい。このような思想があったことを、他の側面から示しているのが、名簿奉呈である。

「名簿」というのは、もともとは自分の名前を書いた名札のことだった。いわば現今の名刺のことで、「名符」あるいは「名書」ともいった。

本来は姓名だけではなく、官職や位階なども書いたらしい。平安時代中期頃には簡略化されて、二字の実名だけを書くようになったので、名簿のことを「二字」ともいうようになった。さらに平安末期の武家社会では、実名のうちの通字ではない方の片名一字だけを、書くようになっていたらしい。

いずれにしても平安時代の初頭、藤原氏北家流が摂関政治を布いて権勢を振るうようになると、これに臣従する中・下級の公卿が現れた。このとき主家と仰ぐ貴人に提出したのが名簿で、こうして主従関係を結ぶことを、名簿奉呈と呼んだ。

自分の実名を差し出すという行為のうちに、自分の人格を主人に捧げるという意味が籠められていたのである。つまり実名というものには、その人の人格までも含まれていると、信じられていたのである。

このようなところから、「名を揚げる」「名を立てる」「名に負う」「名に聞く」「名を得る」「名を取る」「名を流す」「名を折る」「名を惜しむ」「名を残す」等々の語が成立した。いずれもただの名前だけのことではなく、人格という内面的なものも含まれていたのである。

それにしても名簿奉呈については、その具体的な実例が、きわめて乏しい。

『将門記』によると、平将門は若年だった頃、太政大臣藤原忠平に対して、名簿を奉呈していた。

また長元ノ乱を起こした平忠常が、源頼信に対して「名符ヲ書テ文差ニ差テ」呈上したと、『今昔物語集』に記されている。

『十訓抄』には、新羅三郎義光に関して、面白いエピソードが記されている。

十一世紀の末、白河院政の頃である。白河法皇の近臣六条流藤原顕季は、陸奥国菊田荘（いわき市南半）の領主権をめぐって、義光を相手として争っていた。

顕季の方が、法理からいっても、正当だった。義光は無法にも、菊田荘を押領しようとしたのである。やがて訴訟を裁許することになった白河法皇は、秘かに顕季を召した。

「こたびの訴訟、汝に理あるは明白なり。されど我思うに、その荘、義光に取らせよかし」

これには顕季も、とまどった。〝汝に理はあるが、菊田荘は義光にくれてしまえ〟というのである。呆れている顕季に対して、その理由を法皇は説明した。

「顕季は、菊田荘一荘を失っても、こと欠くまじ。国もあり、司もあり、他に大荘も持ちたればなり。義光に菊田荘を譲るべしというは、彼がいとほしきにあらず。顕季がいとほしきなり。義光は夷のようなる武者なり。もし菊田荘が手に入らずんば、なにをしでかすやらんと、おぼつかなし」

こういわれた顕季は、やがて義光を自邸に招き、菊田荘を義光に譲ってやった。大喜びした義光は、その場で懐紙を取り出すと、これに、

「義光」

と二字だけを書いて、顕季に差し出した。

それから以降、顕季が外出すると、鎧武者が数人、つねに顕季の後を見え隠れしつつ供をするようになった。

不安を感じた顕季は、あるとき勇を鼓して尋ねた。

「誰ぞ」

返事は、意外なものだった。

「刑部卿殿（義光）の郎等なり」

義光から命ぜられて、秘かに顕季の護衛をしていたのである。

このとき顕季は、つくづくと法皇の配慮を有り難く感じた。同時に菊田荘を義光に与えて、本当によかったとも、痛感したのである。もし菊田荘を与えていなかったら、いま顕季を護衛している鎧武者が、そのまま顕季の生命を狙っていたかも知れなかったのである。

義光が実名の二字を懐紙に書いて顕季に呈上したのが、まさに名簿奉呈だった。それを顕季が受け取った瞬間から、主従関係が成立したわけである。このような意味で、これを初参式（ういざんしき）あるいは見参式（げざんしき）とも呼んだ。もともとは荘重な儀式だったのである。

ところが義光の場合、提出したのは懐紙だった。感激した挙げ句だったこともあるが、ここまで簡略化が進行していたのである。

十二世紀に入ると、簡略化はますます進んだ。康治二年（一一四三）六月三十日、源為義が内大臣藤原頼長と主従関係を結んだとき、すでに名簿奉呈は行なわれてはいない。このとき頼長がいった言葉が、頼長の日記の『台記』に記されている。

「今日は吉日なり。この日をもって、初参に用うべし。さらに初参すべからず」

〝今日、初参式（名簿奉呈）をしたことにしよう。他日に改めて、ことごとしく初参式をするなよ〟といったのである。名簿奉呈という儀式の簡略化は、ここまで進んでいたのである。

それから約四十年後、やや変則的な方式で名簿奉呈を復活させたのは、源平合戦真っ最中の源頼朝だった。頼朝が採用した方式を、交名注進（きょうみょうちゅうしん）という。

源平合戦の前半の頃、東国武士たちは、争って頼朝の麾下に馳せ参じた。多くの場合、直接的に頼朝に面謁して、個々に本領安堵状を与えられた。こうして頼朝の家来になった者を、東国御家人という。

やがて源平合戦の戦場は、しだいに西国に移っていった。必然的に西国の武士たちのなかから、源家方に付き従ってくる者が現れた。しかし西国は鎌倉から遠く、直接的に頼朝に面謁するのは難しい。

このような情況によって始まったのが、交名注進だった。頼朝の代官として西国に遠征している部将が、一国単位に新附の御家人たちの交名（名簿）を頼朝に送り、その注進状の袖（右端）に頼朝が花押を付して、その部将に返送するのである。

一例を挙げよう。

讃岐の国御家人

注進す、平家、当国の屋島に落ち付きおわすを捨て参り、源氏の御方に参じたてまつりて京都に候う御家人の交名のこと。

藤大夫資光、同子息新大夫資重

同子息新大夫能資、藤次郎大夫重次

同舎弟六郎長資、藤新大夫光高

野三郎大夫高包、橘大夫盛資

三野首領盛資、仲行事貞房

三野九郎有忠、三野首領太郎

同次郎、大麻藤太が家人

右、度々の合戦に源氏の御方に参じ、京都に候うとの由、鎌倉殿（頼朝）の御見参に入れんがため、注進すること件の如し。

元暦元年（一一八四）五月　日

讃岐国の武士十四人の名前を、仲介に立った部将が一括して一紙に記し、これを頼朝に送ったのである。この場合、仲介に立ったのは、橘次公業だった。こうして頼朝の家来になった者は、本来は西国御家人と呼んだらしいが、やがて国御家人と呼ばれることになる。

他に仲介の任にあたった部将としては、伊予国の河野通信、播磨、美作、備前、備中、備後五カ国の梶原景時と土肥実平、さらに範頼・義経なども挙げられる。

このように鎌倉幕府の御家人には、東国型の東国御家人と西国型の国御家人とがあった。このとき東国御家人は、多くの場合、頼朝直筆の花押のある本領安堵状を持っていたが、国御家人の場合、交名注進状は仲介に立った者が持っていただけで、本人たちは御家人身分であることを証明する書類は持っていなかった。

当然のことながら、訴訟その他にさいして、国御家人の方が不利だったと考えられる。

## 偏諱頂戴と一字書出

現代における成人式のことを、古代・中世では元服（げんぷく）あるいは首服（しゆふく）といった。平安貴族の社会では、元服する以前の少年は童（わらわ）といい、頭は露頂（ろちよう）（なにもかぶらない）だった。そして元服すると、以降は常に冠をつけることになるので、元服のことを初冠（ういこうぶり）、御冠（みこうぶり）あるいは冠礼（かんむりれい）ともいった。

なお女性の場合は、着裳あるいは裳着といった。初めて裳（ロング・スカート）を着たのである。平安貴族の社会で成人が冠をかぶったのに対し、武家社会では烏帽子をかぶった。だから武家社会での元服のことを、烏帽子儀礼ともいう。

「これぞ、この御方ぞ」

と恃みに思う目上の人を烏帽子親に仰いで、烏帽子をかぶせてもらうのである。本人の少年のことを烏帽子子というから、烏帽子親と烏帽子子との間は、文字通り親子の関係を擬制したということになる。

烏帽子親・子は、通常、同族ではない。烏帽子親に主君を仰ぐ場合もあり、この場合には主従関係をさらに緊密にするという意味がある。二種の武士団の間であれば、これは一種の同盟関係の締結という意味にもなる。

だから鎌倉幕府法での訴訟にさいしての退座すべき関係のうちに、祖父母、父母、養父母、子孫、養子孫、兄弟、姉妹などのほかに、烏帽子親・子も含まれていた。いわば同族として、見られていたことになる。

烏帽子儀礼が行なわれると、当然のことながら烏帽子子は童ではなくなり、成人したことになる。だから従来の童名（わらわな「どうみょう」とも）を捨てて、大人としての実名を名乗ることになる。このとき烏帽子親の実名のうちの片名を貰い受けて、これを自分の実名のうちの一字とする。これを偏諱頂戴あるいは一字拝領と呼んだ。

下総国小山荘（小山市）の領主小山政光の七男は、主君頼朝を烏帽子親に仰いで元服し、小山七郎宗朝と名乗った。頼朝から「朝」という一字を、拝領したのである。

のち源平合戦や奥州藤原氏との合戦で軍功を樹てて、下総国結城郡（結城市）を与えられた。このときから結城七郎と名乗り、実名を「宗朝」から「朝光」に改めている。

頼朝から拝領した「朝」の字が、「宗朝」だと二字実名の下に位置することを、憚ったのであろう。同時に父「政光」から「光」の字を、伝領したことにもなる。

やや不審が残るのは、北条義時の嫡男金剛丸である。これも頼朝を烏帽子親に仰いで元服し、北条頼時と名乗った。頼朝から「頼」の字を、拝領したのである。

ところが、のち、北条泰時と改名している。一説に前九年ノ役に源家の敵だった安倍頼時と同名なのを、憚ったのだという。しかし改名した時期が頼朝の奥州攻めのさいではなく、頼朝の死後のことであるのを考えると、この解釈は成り立たないことになる。むしろ二代将軍頼家に対して、いささかの遠慮をしたということだろうか。

鎌倉北条氏得宗家は、頼朝が行なった方式を二種のかたちで受け継いでいる。一つは将軍から偏諱を頂戴したことであり、一つは自分の片名を他に与えたことである。

泰時の孫の経時・時頼兄弟は、四代将軍九条頼経から、それぞれ別々の片名を拝領したものらしい。

また時頼の跡を嗣立した北条時宗の「宗」の字は、六代将軍宗尊親王からの偏諱である。時宗が元服するまでは、まだ執権政治の時期だった。だから北条時頼は我が子の名乗りに将軍の片名を拝領して、将軍に対する忠誠心を披露したのである。ところが執権政治にかわって得宗専制が成立すると、北条氏得宗家は将軍への忠誠心など披露しなくなっている。時宗の子の貞時、孫の高時の二人は、ともに将軍の偏諱は受けてはいない。

他方、歴代の得宗は、有力御家人たちに自分の片名を与えて、その忠誠心を得ようとしている。幕初からの有力者だった安達氏では、三代目の義景が、北条義時から「義」を頂戴していた。四代目の泰盛の「泰」は、もちろん北条泰時からの拝領だろう。

足利氏の歴代も、一人家時を除いて、得宗家の偏諱を受けている。義氏は義時から、泰氏は泰時から、頼氏は時頼から、貞氏は貞時から、そして高氏・高国（のち直義）兄弟は高時から、それぞれ片名を拝領したのである。

鎌倉幕閣で最有力だった三浦氏と北条氏とは、きわめて微妙な関係にあった。表面的には同盟関係にあったが、水面下では激しく対立していたのである。

北条泰時が三浦義村の娘と結婚し、のち離縁しているのは、このような情況を端的に示している。義時の甥北条時盛も三浦義村の娘と結婚し、その子北条時景が義村の子三浦泰村の娘と結婚しているなども、それである。

このような微妙な関係は、烏帽子親・子の関係にも示されている。義時の子北条政村は三浦義村から「村」を偏諱され、義時の弟北条時連は佐原流三浦義連から「連」を頂戴しながら、のち時房と改名しているのである。

〔北条氏〕

時政—義時—泰時—時氏—経時
　　　　　　　　　　　　時氏—時頼—時宗—貞時—高時
　　　義時—政村
時政—時房—時盛—時景

〔安達氏嫡系〕

盛長＝景盛＝義景＝泰盛
　　　　　　義景—景村＝泰宗

〔三浦氏嫡系〕

義明＝義澄＝義村＝泰村
義明—義連—盛時＝頼盛＝時明＝時継＝高継

なお北条氏の通字は「時」で、三浦氏は「村」、足利氏は「氏」だった。それぞれ他氏に与えられた片名の大部分は、それぞれの家系での通字ではなかったことにも注目しておきたい。

いずれにしても鎌倉時代には、烏帽子親・子の関係で偏諱の授受が盛行したが、南北朝期に入ると大きく変質する。武士団相互の間での同盟という側面が大きく後退して、かわって主従関係を緊密にするという側面が、大きく表面に出てきたのである。

建武政権成立の直後、足利高氏が、後醍醐天皇の諱名(いみな)尊治(たかはる)親王というところから「尊」の字を拝領して、足利尊氏と名乗ったのが、最初かも知れない。こうすることによって後醍醐天皇は、足利氏に対して自分への忠節を誓わせたわけである。

ちなみに元服のさい、烏帽子親は烏帽子子に与える自分の実名のうちの一字を書面に書いて、これを烏帽子子に与えたという。これを一字書出(いちじのかきだし)という。鎌倉時代における実例は残ってはいないが、室町時代以降のものは若干が残っており、いずれも主従関係を示している。

このような様子をよく示しているのは室町時代の足利氏の系図であるが、やや余談をまじえて足利・新田両氏の系図を観望してみる。

足利・新田両氏ともに、最初のうちは清和源氏の通字である「義」を、その名乗りのうちに持っていた。清和源氏の一員として、まだ天下に野望を抱いていたのかも知れない。

しかし鎌倉幕府が確立すると、まず足利氏が天下への野望を諦めた。清和源氏の通字の「義」を捨てて、新しく「氏」を通字にしたのである。家系を存続させることだけが、足利氏の願いになったのかも知れない。梶原、比企、畠山等々は、すでに族滅していた。

義家──┬─義宗

義親―為義―義朝―頼朝
　義国（足利）―義重（新田）―義兼―義房―政義―政氏―基氏―朝氏―義貞
　　　　　　　―義康（足利）―義兼―義氏―泰氏―頼氏―家時―貞氏―高氏
高氏―義詮（二）①―義満（三）―義持（四）―義量（五）
　　　　　　　　　　　　　　―義教（六）―義勝（七）
　　　　　　　　　　　　　　　　　　　　―義政（八）―義尚（九）
　　　　　　　　　　　　　　　　　　　　―義視―義稙（一〇）
　　　　　　　　　　　　　　　　　　　　―政知―義澄（一一）―義晴（一二）―義輝（一三）
　　　　　　　　　　　　　　　　　　　　　　　　　　　　　　　　　　　　　―義昭（一五）
　　　　　　　　　　　　　　　　　　　　　　　　　　　　　　―義維―義栄（一四）
　　―基氏②―氏満③―満兼④―持氏⑤―成氏⑥―政氏

（一）〜（一五）将軍
①〜⑥鎌倉公方

一方、新田氏は早くから衰退の一途を辿っていたが、なかなか「義」の字を捨てようとはしなかった。天下への野望が、まだまだ未練たらしく残っていたのである。

しかし政義の代で、ついに破局が来た。頼朝以来、鎌倉幕府が厳しく禁じていたことを、いくつもいくつも重ねて犯してしまったのである。結局、政義は新田氏惣領の地位を、幕府から剝奪されて隠居の身となった（この間の詳細については、拙著『上州新田一族』新人物往来社刊を参照）。

以降の三代の新田氏は、足利氏の通字の「氏」を名乗っている。足利氏に従属したのである。ところが義貞の代で、「氏」を捨てた。足利氏に従属することを止めて、清和源氏の通字に戻ったのである。やがて義貞は、鎌倉幕府を倒すことになる。しかし南北朝内乱で足利氏に敵対して、ついには滅び去っていく。

一方、室町幕府を樹立した足利氏では、将軍職を嗣立した嫡男義詮の系統は、もはや「氏」は名乗らない。清和源氏の通字の「義」に、戻ったのである。

しかし尊氏の次男基氏の系統は、あいかわらず「氏」を通字にしている。鎌倉公方家となったからである。いわば室町幕府の鎌倉出張所のようなものだった。

こうして足利氏は、京都の将軍家と鎌倉の公方家と、二流に分流することになった。最初の義詮と基氏とは、同母の兄弟だった。しかし双方が代を重ねるごとに、しだいに疎遠になっていったのは、いわば当然だった。

このような情況を憂いた将軍家では、やがて一計を案出した。鎌倉公方家の代が変るごとに、一字書出を行なったのである。

鎌倉公方家の氏満、満兼父子の「満」の字は、三代将軍義満からの拝領だった。持氏の「持」は四代義持からの拝領、そして成氏の「成」は八代将軍義政の旧名「義成」の「成」だった。

歴代の足利将軍家は、一字書出を行なって、鎌倉公方家を家臣として扱い、その自立を阻止しようと図ったのである。しかし持氏が永享ノ乱で将軍に反抗したことが示すように、あまり効果があったとは思われない。

それでも主君が家臣に偏諱を与える一字書出は、室町時代には頻りに行なわれた。とくに応仁ノ大乱後、実権を失って名目だけの存在となった足利将軍家に、この例は多い。

十二代将軍義晴は甲斐の武田晴信（のち信玄）に「晴」を与え、十三代義輝は九州の相良義陽には「義」を、越後の上杉輝虎（のち謙信）には「輝」を、それぞれ与えた例がある。

地方の大名にとって、将軍から偏諱を受けることは、それなりの名誉なことであり、また自分の権威付けにもなった。だから地方の諸大名は、争って将軍の偏諱を受けようとした。陸奥国の伊達氏は、その好例である。

伊達氏十代目の氏宗は、鎌倉公方三代目の氏満の偏諱を受け、十一代持宗は四代将軍義持から、十二代成宗は八代将軍義政が義成と名乗っていたとき、十三代尚宗は九代将軍義尚から、十四代稙宗は十代将軍義稙から、十五代晴宗は十二代将軍義晴から、十六代輝宗は十三代将軍義輝から、それぞれ偏諱を頂戴したのである。

〔伊達氏〕
氏宗―持宗―成宗―尚宗―稙宗―晴宗―輝宗

守護大名・戦国大名たちも、家臣に対して一字書出をしている。陸奥国の南部利直は家臣の八戸三五郎に「直」を与え、甲斐国の武田晴信は家臣の小山田信茂に「信」を与え、安芸国の毛利元就は家臣の国司(くにし)元相に「元」を与えている。

江戸時代に入っても、一字書出の例は多い。徳川将軍家から諸大名へ、大名たちから家臣たちへ、それぞれに偏諱が与えられたのである。いちいちに例を挙げるには、あまりにも例は多すぎるようである。

## 一般庶民の名前

古い時代における一般庶民の名前は、なかなか判りにくい。一般庶民とは、どのレベルを指すのか、まず、それが判らないのである。いずれにしても『古事記』や『日本書紀』には、まず庶民は登場してはこない。

日本でもっとも古い戸籍は、美濃国のものである。大宝二年（七〇二）の年記のあるものが五種あり、すべて正倉院に伝わっていた。

そのうちの「御野(美濃)国味蜂間(あじはちま)郡春部(かすかべ)里太宝弐年戸籍」の地は、岐阜市池田町に比定されている。その一部分を引用すると、次のようである。

上政戸国造族石足戸口十三（正丁二兵士二　少丁三小子二　緑児一幷十　正女二緑女一　幷三）

下々戸主石足（年卅三兵士）　戸主兄国足（年卅四正丁）

嫡子安倍（年六小子）　戸主弟高嶋（年廿七兵士）

嫡子八十麻呂（年二緑児）　戸主弟久留麻呂（年廿五正丁）

次大羆（年二十少丁）　次広国（年十九少丁）

次友乎（年十八少丁）　戸主甥奈世麻呂（年十少子）

戸主母国造族麻奈売

戸主妻国造族志祁多女（年卅二正女）

大羆児阿尼売（年二緑女）

これによって、石足（いわたり）、国足（くにたり）、安倍（あべ）、高嶋（たかしま）、八十麻呂（やそまろ）、久留麻呂（くるまろ）、大羆（おおくま）、広国（ひろくに）、友乎（ともお）、奈世麻呂（なせまろ）などの男性の名が知られ、麻奈売（まなめ）、志祁多女（しきため）、阿尼売（あにめ）の女性名が知られる。

動物名は非血縁（奴（ぬ）カ）の大羆のみで、「―麻呂」型も少ない。個々としては姓名呼称がない点にも、注目される。

これに比して東国で最古の養老五年（七二一）の「下総国葛飾郡大島郷戸籍」では、前述のように、「―麻呂」型が圧倒的に多く、いずれも「孔王部（あなほべ）」という姓名を名乗っている点に、特徴がある。

平安時代に入ると、ますます一般庶民という存在が判らなくなる。たとえば康治二年（一一四三）

七月十六日付「尾張国安食荘立券文」（『平安遺文』三五一七号）に見える「季貞」「吉道」「秋元」は、一般庶民といえるのだろうか。

季貞は私領五段三歩を有しており、吉道の私領は四町五段小、秋元のは六段小だった。それぞれの面積はさほどではないが、いずれも「私領」は持っている。この種の例は多いが、小領主というべきかも知れない。三人とも、姓名・名字は名乗ってはいない。

鎌倉時代に入ると、名主レベルの農民の名前は、きわめて多く見られる。若狭国太良荘（小浜市太良荘）では、「勧心」「真利」「時沢」など無名字の者のほか、「宮河乗蓮」「脇袋範継」など、名字のある者もいた。しかし女性名では、「藤原氏女」「中原氏女」というようなものだけで、実名は名乗ってはいない。

鎌倉時代で注目されるのは、弘長二年（一二六二）十月十一日付「近江奥島百姓等荘隠置文」（『鎌倉遺文』八八八一号）である。奥島荘（近江八幡市奥島）の農民十五名が、すべて姓名を名乗っていたのである。

錦吉弘　秦宗重　紀重藤　紀延重　錦宗房　錦則吉　佐伯宗利　同利宗　紀国貞　菅原真清　高向真重　坂上助安　錦弘真　錦弘貞　大中臣利弘

前述の太良荘で見たように、農民たちは姓名はもちろん、名字も名乗らなくなっている。そのとき奥島荘では、まさに大和時代の名家の姓名が、まかり通っていた。

荘園領主には内密に、農民たちだけで結盟している文書だから、特別非常のことだったからかも知れない。

　これに対して、平常のことと思われるのが、永仁六年（一二九八）正月二十四日付「大和糸井荘百姓等請文案」（『鎌倉遺文』一九五八七号）である。

糸井荘（田原本町）内の「平塚百姓等」の名前として、「藤太郎」「七郎」「願具」「八郎」が見られる。このうち「願具」は僧侶らしいが、他の三人がすべて兄弟の順を示す輩行の仮名（けみょう）を名乗っているのである。

同じ日付で同じ糸井荘の「百姓等交名」（一九五八六号）には、「勢二郎」「金二郎」「弥藤二」「源藤三」「弥平二」「成念」「石主」が記されている。武家の名乗りからの影響が、強く感じられる。

永仁六年六月付「近江津田奥津島両村人等連署起請文」（一九七〇三号）は、きわめて興味深い。津田荘（近江八幡市南・北津田町）の村人たちの名前が、非常に多く見られるのである。

　はつ四郎　平三郎　兵衛允　西念　れんせう房　三郎太郎　二郎太郎　資かけ　くまいし太郎
　のうせう　造念房　中二郎　とく太郎　とう四郎　そう太郎　五らく　九ない三郎　とうけん次
　たいふとの　わた平大郎　平せんしやう　まん行　と与太郎　けせんしやう　定蓮　綱利　平大
　郎　こん大郎　しにあま　せういう　紀平　左衛門允　成仏　そあま　こん二郎　二郎大郎
　ま丶大郎　平大郎　平四郎　薬師大郎　仏念　成喜　源内　やさい大郎　すけ二郎　まこ大郎

源大郎　四郎大郎　弥四郎大郎　乙四郎　権次郎　まこ次郎　藤次郎　中大郎　二郎大郎　けさつ房　又三郎　来とく　石二郎　犬大郎　先三郎　進小大郎　庄太　西実　藤介　安大夫　牛王三郎　進小二郎　ほうふつ　とくねん　紀平　大大郎　大進　得二郎　平三郎　平介　惣大郎京方　平安房　成願　藤先生　右近　いわう　熊四郎　弥源太　すいもん　権三郎　成仏　安則明心

「大郎」が多いが、これは〃太郎〃であろう。連署状だから、それぞれ本人の自署であるが、漢字、平仮名から片仮名までもまじって、きわめて多種多様である。しかし、いくつかのパターンに分類して、全体の傾向を窺うこともできそうである。

㈠　大和時代に盛行した動物名や「―麻呂」型（蝦夷、入鹿、猿麻呂）などは、わずか一例「熊四郎」しか見られない。

㈡　本来は兄弟の順を示すものだった輩行の仮名（けみょう）が、ここでは仮名ではなく、実名になっていたらしい。だから「太郎」「次郎」といっても、必ずしも長男あるいは次男だったわけではなく、なかには三男であっても「太郎」、五男であっても「次郎」だったかも知れない。

㈢　平安末期から多くなっていた漢字二字の名前（綱利、安則など）や、明らかに僧名と推定し得る名前（西念、造念房、明心など）が、以前よりも少なくなっているようである。

㈣　律令制での官職名が、そのまま名前になっている例が目立つ。「兵衛允」は律令制では〃兵衛尉〟であり、「たいふ」は〝大夫〟で、もともとは五位以上の位階のある人という意味から転じて、五位の位階のある人という意味だった。「せういう」は〝少輔〟であろう。「右近」は〝右近衛の官人〟から来たものだろう。

㈤　太郎や次郎などの輩行の仮名や律令制官職名の上に源平藤橘などの姓名を冠するのは、もともとは公家や武家の世界での通称だった。それがここでは、農民の名前になっている。

「源太郎」「弥源太」「平太郎」「藤次郎」「平三郎」「平四郎」「中二郎（中原ノ次郎）」などが、前者の例である。そして仮名の上に冠するのが源平藤橘ではなく、「惣」「松」などになっている例も見られる。「惣太郎」「権次郎」「権三郎」「先三郎」「犬太郎」などが、それである。

源平藤橘に律令制官職名を付けた例も、かなり多い。「けせんしやう」「平せんしやう」「藤先生」は、そのまま〝源先生〟〝平先生〟〝藤先生〟だろう。なお律令制での〝先生（せんじょう）〟は、皇太子の護衛兵の隊長のことだった。そして「源内」は、〝源家の内舎人（うどねり）〟から来たものである。

以上、やや詳しく列挙したが、全体として古代的な名前が減少し、かわって近世的な名前が増加しつつあるという傾向が窺われる。

このような傾向は、室町時代に入ると、さらに加速する。永正二年（一五〇五）頃の「称名寺用途勘定状」には、武蔵国金沢文庫関係の人名として、「春林、太郎次郎、孫七、源次郎、与次郎」などが見られ、また「彦七、七郎藤内、馬三郎、衛門丞、さ藤七郎、孫次郎、彦八、妙賢、平内太郎、平次郎、九郎、太郎、彦次郎」などもある（『神奈川県史』資料編3　古代・中世3下　六四五四号、六四五五号）。

室町時代には、まだまだ鎌倉武士の通称のような輩行仮名（はいこうけみょう）に由来した名前も多いが、僧侶らしい人物を除けば漢字二字の鎌倉武士の実名のような例は皆無になっている。一方では律令制官職名由来の名前が、さらに増加している傾向が窺われる。

やがて江戸時代に入ると、律令制官職名由来の名前が圧倒的に多くなるが、なかでも「—左衛門」型、「—右衛門」型、「—兵衛」型の三種が、群を抜いて多くなる。

宝永五年（一七〇八）三月の相模国西富岡村（伊勢原市西富岡）における水呑を含む全農家の戸主の名前は、次のように分類することができる（伊勢原市『堀江家文書』）。

「—左衛門」型（二五パーセント）

文左衛門　七左衛門　助左衛門　半左衛門　安左衛門　小左衛門　源左衛門　重左衛門　八左衛門　仁左衛門　惣左衛門　孫左衛門　喜左衛門　七左衛門　平左衛門

「—右衛門」型（二五パーセント）

小右衛門　平右衛門　半右衛門　茂右衛門　杢右衛門　伝右衛門　曽右衛門　七右衛門　勘右衛門　源右衛門　八右衛門　三右衛門　弥右衛門　九右衛門　次右衛門

「輩行仮名＋右衛門」型（八・三パーセント）

七郎右衛門　八郎右衛門　三郎右衛門　甚五右衛門　与惣右衛門

「―兵衛」型（一二六・七パーセント）

七兵衛　忠兵衛　平兵衛　八兵衛　作兵衛　弥兵衛　吉兵衛　才兵衛　彦兵衛　久兵衛　市兵衛

惣兵衛　李兵衛　由兵衛　小兵衛　伊兵衛

「輩行仮名＋兵衛」型（三・三パーセント）

市郎兵衛　七郎兵衛

「一字＋輩行仮名」型（六・六パーセント）

長八郎　三十郎　久次郎　庄九郎

その他（五パーセント）

助蔵　九之介　権介

「―左衛門」型、「―右衛門」型および「―兵衛」型も、それぞれ左衛門型、右衛門型および兵衛型として三型を合すると、実に全体の八八・三パーセントになる。怖ろしいまでの〝右へ倣え〟精神が、感じられる。

同じように女性の名前も、やはり単調だった。右に用いた「堀江家文書」から女性名を拾い出すと、次のようになる。

さな　ちやう　とよ　えつ　てふ　はる　とみ　しゅん　とめ　きよ　せん　いわ　さき　きや

うい　いよ　はつ　たけ　ひろ　うめ　かゆ　てつ　ふさ　そよ　たよ　たえ　つな　もと　いせ

やお　きせ　ひさ　りん　よね　よし　まさ　くに　たか　すけ　きん　わか　はま　りよ　佐

紀　米福　まつ　こと　しま　かつ　みや　はな　やす　ろく　まる　いと　きそ　なお　ゆき

とな　わに　くに

漢字名は非常に少なく、ほぼすべてが二音節であるという点に、特徴が感じられる。

# おわりに—名前関係の近代化—

江戸幕府が倒れると、とたんに明治新政府は動き出した。さまざまな方面において、改革に乗り出したのである。

一世一元、東京遷都、開国和新、官制改革、太政官制、版籍奉還、廃藩置県、富国強兵、殖産興業等、とにかく新政府は忙しかった。基本的に日本の近代化が、その目標だった。

政治、軍事、財政、宗教等々と、さまざまな改革案が次々に打ち出されていくなかで、名前に関する改革は、やや遅れたという感がある。しかし新政府は、この方面での改革も決して忘れていたわけではなかった。

明治二年（一八六九）六月、「四民平等」という掛け声の下に、新しい〝四民〟が創出されだしたのは、そのことだった。

ちなみに江戸時代の「四民」は、いわゆる士農工商である。もちろん、その下層に穢多（えた）、非人という階層があったことは、よく知られている。このような江戸時代の身分差別が、ここに撤廃されたのである。

しかし同時に、新しい〝四民〟が、ここに創出されていく。同六月、公家と大名が「華族」、旧藩士が「士族」と、まず決められた。続いて同年十二月、「卒族」と「平民」という身分が、これに付け加えられる。

旧来、同心ノ輩ハ、卒ト称ス可キ事

これが、「卒族」だった。「同心ノ輩」とは、足軽などの軽輩のことである。新政府の中核だった旧藩士（士族）が、足軽たちと同格にはなりたくなかったのである。

しかし明治五年正月、また法の改正があった。代々、世襲の軽輩たちは「卒族」から「士族」に昇格され、一代限りの軽輩だった「卒族」は、「平民」に格下げされたのである。

新しい身分差別は、華族・士族・平民の三種となった。この差別は、昭和二十二年十二月、新民法が施行されるまで続くことになる。

明治新政府が四民平等を呼号したのは、戸籍法制定のための下準備としてだった。

ちなみにフランスでは、一八〇四年にナポレオン法典が施行されて、近代的な戸籍法が制定されている。これを皮切りとして、欧米の先進国は、いずれも近代的な戸籍法を持つようになっている。

これら列強と肩を並べて、日本も近代国家だというからには、体面上からも日本は戸籍法を持たなければならない。

なおナポレオン法典での戸籍法は、いわゆるグラン・ダルメー（大陸軍）のためのものだった。同じように新政府が戸籍法を制定しようとしたのも、国民皆兵を目的とした徴兵のためであり、また財政面での租税収入の確保が狙いでもあった。

だから戸籍法を制定するより前に、特権階級をつくっておく必要があったのである。華族と士族には、兵役と租税の両面において、さまざまな免除規定があった。

こうして一応の下準備がすむと、新政府は戸籍法の制定に向かって、一路、突き進むことになる。明治三年五月、まず新政府の内部で、戸籍編成のための部署割りなどが行なわれた。その結果、まだまだ下準備を必要とすることが、いくつも発見された。

そして同九月四日、次のような布告が、全国に発せられた。

　自今、平民の苗字、差し許さるるのこと。

平民が苗字を公称するのが、公的に許可されたのである。まだ〝許可〟であって、〝義務〟ではなかったことに、注目しておきたい。また用いられた文字は、「苗字」であって、〝名字〟ではなかった。

続いて同十一月、旧国名や律令官職名を通称にすることが、全国で禁止された。つまり原田甲斐、伊達安芸、竹田出雲、勝安房などと名乗るのはいけないことになり、また大石内蔵助、大石主税（ちから）、平手造酒（みき）、伊達兵部、水戸黄門、倉田典膳などと称することも、禁止となったのである。

しかし、これは、通称として名乗ることだけが、禁じられたのである。すでに実名としていた場合は、黙認されたのである。先述したように江戸時代の庶民には、「―衛門」型や「―兵衛」型が多かったが、すぐに改名させられたわけではない。

それでも新政府の意向が律令制官職名禁止だということが一般に知れわたると、以降、「―衛門」型や「―兵衛」型を生まれたばかりの子に命名することはなくなり、しだいに官職名を名乗る人は少なくなっていく。

この間、新規の造籍のための下準備が、新政府の内部でも、地方の都市や農村でも、大車輪で行なわれていた。

模範的な戸籍を作成するための予習あるいは訓練として、すでに明治三年時に戸籍を作った地方もあった。なにを勘違いしたのか、江戸時代風の「宗門人別御改帳」と名付け、持ち高の田畠の面積から、予定収穫量を石斗升合勺から才の単位まで記入した物が、今でも各地で発見されている。

そして明治四年四月四日、ついに戸籍法が制定され、翌五年に造籍実施という布告が、全国に発せられた。

大きな反響が、新政府に戻ってきた。実施にさいして生ずる疑問・質問が、きわめて数多く寄せられたのである。

同八月、「断髪・廃刀、勝手たるべし」という布告が達せられ、続いて穢多・非人の称の廃止が布達されたのは、地方からの質問に対する新政府の回答であった。

地方からの質問のなかで最大だったのは、地域区分の問題だった。どのような行政区間で、住民を登録するか、である。

あわてて新政府は、同七月に県制の採用を決め、同十一月には県治条例を制定して、全国を三府七十二県としている。各府県は若干の村をまとめて「小区」とし、「小区」をいくつかまとめて「大区」とすることになったのである。

一例を挙げてみよう。

旧相模国の西半には、江戸時代には小田原藩と荻野山中藩とがあった。これが維新後、小田原藩県と荻野山中藩県とになったが、明治四年七月、それぞれ小田原県と荻野山中県とになり、次いで同十一月、両県が合併して足柄県となっている。

そして前記「堀江家文書」のある神奈川県伊勢原市西富岡は、このときは「足柄県第二大区二十五小区西富岡村」だった。造籍は属地主義に基づいて、「毎戸ニ官私ノ差別ナク、臣民一般、番号ヲ定メ、其住所ヲ記スルニ、スベテ何番屋数ト記シ、編製ノ順序モ其号数ヲ以テ定ムルヲ要ス」とされた。富豪の邸宅も水呑百姓の小屋も、すべて〝何番屋数〟と番号を附して、徹底を図ったわけである。

そして明治五年になると、全国で戸籍への登録が始まった。それぞれの家庭の戸主（家長）が、家族の名前と年齢および戸主との血縁関係などを、「小区」の区長に申告するのである。

準備の足・不足、人口の多少、戸長の事務能力などによって、造籍完成には遅速が生じた。早い所では、正月中に完成していた。飛驒の山中では、ようやく年末になって完成したという。多くの地方では、二月中だったらしい。

いずれにしても全国的に見れば、明治五年という年の一年かかったことによる。こうしてできあがった戸籍は、明治五年の干支（えと）にちなんで、「壬申戸籍」と呼ばれている。

こうして日本全国に初めて近代的な戸籍が作成されると、これに伴って、さまざまな悲喜劇も生じた。それまで苗字を持っていないと思われた者までが、実は「隠し苗字」を持っていたことが判明したなどは、その一例である。前記西富岡村でも、「青柳、増田、安達、小沢、古谷、中村」などの苗字が、登録されている。

永い間、「隠し苗字」を隠していたので、自分の苗字を忘れてしまった者も多かった。このような場合、戸長や檀那寺の和尚が頼まれ、苗字を考えてやったりした。

小作人のなかには、主家である地主の苗字を貰った者もあった。一村の住人が、みな同一ということもあった。

住所の所在地による苗字は、かなり多かった。川上、川中、川下、川淵、川辺や、山上、山中、山下、山淵、山辺、田上、田中、下田、田淵、田辺から、谷頭、谷中、上谷、中谷、下谷等々は、これである。

海辺の村では漁具や魚の名にちなみ、大敷（おおしき）、大網（おおあみ）、木網、大船・小船や田井（鯛）・平目（ひらめ）などを苗字にした。畠の多い村では、大根（おおね）、粟野（あわの）、蕪菜（かぶな）などの苗字が作られた。商売や屋号を苗字にした者も多く、八百谷（八百屋）、油屋、紺屋（紺谷）、鍛治（梶・加地）、紙屋（紙谷、上屋）、鯉屋（小弥）、枡屋（増谷）などがある。

僧侶の場合には、桑門（桑名）、大乗、無着、方丈、境内、本山、上人など、やはり仏教関係の事物を苗字にすることが多かったが、神主の場合には、中臣、蘇我、大伴など大和時代の姓名を苗字にすることが、多かったようである。

全国的に造籍が進行していた明治五年、造籍にあたっていた現地では、それなりに疑問や問題が生じ、地方から問い合わされた新政府の回答が相次いで、いろいろな条件が加えられていった。

同五月、通称と実名の併称が禁じられたのも、その一例である。大石内蔵助良雄とか、西郷吉之助隆盛というような名乗りが、禁じられたのである。このとき西郷は「西郷隆盛」として登録されたが、実は「隆盛」は彼の父の実名だったともいう。

幕末の志士たちも、このとき多く改名している。桂小五郎が木戸孝允、大隈八太郎が同重信、井上聞多が同馨、伊藤俊助が同博文、大久保一蔵が同利通などである。

また造籍にさいして問題になったことに、いちど登録した者が、すぐに改名してくることだった。そこで同八月、改名の禁令が出されている。このとき禁じられたのは、苗字、実名および屋号の改称だった。

歴代天皇の諱名（いみな）や諡号（しごう）を登録していく者があったのも、やはり問題となった。尊皇思想の昂（たかま）りの反映とも見えたが、やや遅れて明治六年三月、二字になっている天皇の諱名や諡名の片名を名乗るのはよいが、二字そのものはいけないと布達されている。

いずれにしても新戸籍が完成すると、造籍の本来の目的だったものが、実現された。明治六年正月十日、徴兵令が制定されたのである。明治十年の西南戦争で、精強無比の薩摩隼人勢を破ったのは、このとき徴兵された百姓兵であった。

なお歴代天皇名の二字熟字使用が禁じられたとき、同時に布達されたのは、家族同一苗字令だった。子供や弟は、親や兄と同一の苗字でなければならないとされたのである。

とにかく最初の近代的な造籍に関して、きわめて数多くの問題が起こったのである。なかでも大きかったのは、実名だけ申告して、苗字を登録しない者があったことだった。

ちなみに前記明治三年九月の布達では、苗字公称は「許可」されるとあっただけで、〝義務〟にはなっていなかった。永年、苗字を公称しなかった人たちが、突然、「許可」されたといっても、すぐには応じなかったのである。

こうして明治八年二月十三日、苗字公称を義務とする布告が発せられた。苗字公称が全国民に強制され、祖先の苗字が判らなくなっている場合には、新しく苗字を作ることが命ぜられたのである。

大食漢だったので、「大喰（大飯）」、大酒呑みだったので「五升酒」、力持ちだったので「三俵担ぎ（三俵）」、親の財産を兄弟三人で等分に分けたので「三分一」などのほか、「六本木」「三本松」など、かわった苗字が案出されたのは、このときだったともいう。

このとき苗字を改称することも、部分的に許されている。結婚・養子縁組、離婚および離縁にさいしては、新しい苗字を作ってもよい、とされたのである。

なお苗字公称の義務化が布達された直後、石川県庁から夫婦別苗字に関して、内務省に問い合わせがあった。さらに内務省から問い合わされた太政官は、翌九年三月、これに回答した。

婦女、人ニ嫁スルモ、仍ホ所生ノ氏ヲ用ユベキ事、但、夫ノ家ヲ相続シタル上ハ、夫家ノ氏ヲ称スベキ事

幕末の志士たちの愛読書だった頼山陽著の『日本外史』などでは、源頼朝室の北条政子を「平氏」と書き、織田信長の室濃姫のことを「斎藤氏」などと、実家の姓名あるいは苗字で表している。その影響かも知れない。いずれにしても新政府は、夫婦別姓を命じたことになる。

しかし明治三十一年六月二十一日、改正法例と改正戸籍法が公布された。女性は結婚すると、実家の苗字を捨て、婚家の苗字を名乗らねばならぬとされたのである。

しかし昭和二十年に敗戦すると、しだいに原則は変えられた。昭和二十二年十二月二十二日に公布された新民法では、夫婦の苗字は、別姓であってはいけないが、夫・妻いずれの苗字を名乗ってもよいとされたのである。

さらに昭和五十一年五月、民法七六七条が改正されて、離婚した妻が実家の苗字に返ってもよいが、

離婚した元の夫の苗字を名乗っていてもよいとされている。

最近、巷間で賑やかなのは、夫婦別姓でもよいではないかという議論である。しかし昭和二十二年の新民法での夫婦同姓令は、まだ生きている。

一方、明治維新は、実名の世界でも大きな変化をもたらしている。明治の末年頃から、女性の実名が「―子」型になってきたのである。もともと「―子」型は、平安貴族社会での女性名だった。それが平民の女性名に転化したのである。大きな変化というべきであろう。

しかし最近、「―子」型は流行（はやら）ず、欧米風の名前が多くなっている。日本人の名前は、今後、どのようになっていくのだろうか。

# 付編　律令制官職と武士の名前

## 官職名が名前になるまで

律令制度より古い氏姓制度や、律令制度に続く武家法制などにおける官職名は勝呂（すぐろ）（須黒）、服部、加藤、宮内などのように、氏族の名字に転化成立することはあったが、個人の名前や通称にまで転化したという例はない。官職名が氏族の苗字に転化したという例をもっとも多く有する法制は律令制度であるが、その律令制度は、氏族の苗字だけではなく、個人の名前にまで転化している唯一の法制である。しかも、その例はきわめて多い。

律令制官職名は『国史大系』に所収されている「令義解（りょうのぎげ）」と「令集解（りょうのしゅうげ）」のなかの官位令、職員令、後宮職員令、東宮職員令、家令職員令に網羅されているが、これを一瞥すると、織田弾正、佐久間玄蕃、大石主税、平手造酒、勝安房、山本権兵衛などの史上の人物が想起されてくるばかりでなく、さらには弥次郎兵衛や宇津木兵馬、法月弦之丞、机竜之介、倉田典膳などの小説上の人物まで思い出されるし、現在、私が持っている学生名簿や電話帳にも、律令官職名に由来した名前を見ることができる。

このように〝官職名に由来する個人名をもつ制度〟というと、まず挙げられるのが律令制度であり、また、それ以外ではない。例外的には、常岡学長、吉沢先生や東郷元帥、乃木大将などのほかに、川村課長、村岡主任などのように、ある種の限定された条件の下では通称のように用いられている官制や職制の名称はあるが、これらはやはり〝通称のように用いられている〟だけであって、そのおりの条件をとり払えば、決して通称化はしておらず、ましてや名前にはなっていない。

律令制官職は、もちろん、本来は、朝廷から任ぜられるものであって、諸大臣以外の官を任ずるさいには、司召除目（つかさめしじもく）（京官を任命する）、県召除目（あがためし）（外官任命）、宮司除目（立后時）、坊官除目（立坊時）、小除目（数人を臨時に任命する）、女官除目（女官を任命する）などの〝除目〟という儀式を経るものであった。

このような儀式を経て、正式、かつ、頻繁に除目が行なわれていた時代においては、官職名が個人の名前に定着するということはあり得ないことであったが、伴大納言（伴善男）、菅丞相（菅原道真）のように通称化した例もなくはない。やや降ると、女性の場合などでは紫式部、清少納言、赤染衛門のように、親や兄弟の官位を付して呼ばれることがあり、往々にして、その実名が現在にいたるも不明なことがある。

やがて律令制度が衰退していくにつれて、律令制官職は、その官職に応ずる実務や実権を喪失して、名ばかりのものとなっていくが、その実体が薄くなっていくにつれて、官職呼称が名誉のことと意識されるようになっていくのである。源頼朝が右大将に任ぜられても、すぐにこれを辞し、それでいて、しばらくは前右大将家と呼ばれていたり、鎌倉北条氏の得宗家が両執権を嗣ぐと、武蔵守、相模守となり、六波羅探題になると駿河守というように、衰微してしまった律令制官職名のひとつの栄爵として、これを誇称はするが、本来、その官職に付していた実務実権が、まったくなくなっていたのは、このことのよい例である。

　このように、官職が栄爵化してくると、その官職名でもって、その人を呼ぶということが、その人に対する礼儀であり、敬意を表現することになるという、古来の風習と相俟って、官職名が通称に転じてゆくのである。北条時政を遠江守、遠州といい、大江広元を大膳大夫というのである。この広元の場合、大膳大夫といいながらも、鎌倉にいたのであるから、律令本来の職務である「掌下諸国調雑物及造二庶膳羞一醢菹醬豉未醬肴菓雑餅食料、率二膳部一、以供中其事上」、つまり、天皇に膳部を供えるということをしてはいないことは確実である。

　源頼朝のときに、御家人が勝手に京官を拝任することを禁じて、将軍家の推薦によって御家人が京官に任ぜられるということを創始しているが、これは室町・江戸両幕府においても踏襲されていたらしい。

　しかし、これとは別に、鎌倉幕府が倒れ、南北朝内乱を経たころから、朝威の衰微に伴って、朝廷の正式の認可を経ずに、自前で官職名を名乗ることが始まっている。この風潮は、武士階級から始まったらしいが、おいおいに農民層にまでおよび、在地文書を眺めていると、戦国時代ごろを境として、農民の名前も鎌倉時代の助国、時沢、真利などから、又四郎、弥三郎、総六などを経て、太兵衛、茂助、源之丞などが現れてきており、江戸時代になると、折助などは武家奉公の中間(ちゅうげん)の異称として、普通名詞に化してしまっている。

こうして、律令制官職名は、個人の通称や名前として定着していったのであるが、その命名の法に二種ある。一は官職名をそのまま通称あるいは実名とするものであり、二は官職名の上(たまには下)に一字あるいは二字をつけるものである。大石内蔵助、佐久間修理、倉田典膳などは前者であり、藤兵衛、茂助などは後者の列である。そのほかに、また、官職名を唐名化したものもあり、水戸黄門(中納言の唐名で徳川光圀のこと)、金吾中納言秀秋(金吾は衛門佐の唐名で豊臣秀秋のこと)などがそれである。

つぎに、これら数十もある事例のうち、主なものだけを取り上げて、本来の職務やその例について略説してみよう。

## 官職本来の職務と名前

**主税**（ちから）　民部省主税寮。田祖を納めた倉庫の管理を職務とする。四十七士のうち、裏門の指揮にあたった大石主税は史上の人物であるが、泉鏡花の著『婦系図』の「お蔦と主税」の早瀬主税は、著者自身をモデルとしているが、架空の人物である。

**内蔵助**（くらのすけ）　中務省（なかつかさのしょう）内蔵寮（くらりょう）の次官で、金銀、珠玉、宝器、錦綾などの管理が職務。四十七士の頭領に大石内蔵助がいる。

**大学**（だいがく）　式部省管下の大学寮。都にだけあった官吏養成所。詩人の堀口大学や幕末越前の儒学者三国大学がいる。

**左近**（さこん）　左近衛府（さこのえふ）の武官。「三成に過ぎたるものがふたつあり、島の左近に佐和山の城」と謳われた、石田三成の謀将島左近（勝猛）は関ヶ原の合戦で戦死している。楠木正成の家老役の人物に恩地左近がいる。吉川英治の小説に『右近左近』というのがあるが、右近衛府に由来したのが右近であり、キリシタン大名の高山右近もいる。

**雅楽**（うた）　治部省管下の雅楽寮（うたりょう）は、朝廷の歌舞音曲を職務としている。幕末の長州藩で航海遠略策を唱えた長井雅楽は、右近とも称していた。江戸前期の大老酒井忠清も雅楽という。

**玄蕃**（げんば）　治部省管下の玄蕃寮は、仏寺、僧尼の名籍、供斎および外国人の接待、送迎を主管していた。鬼玄蕃の異名を轟（とどろ）かした佐久間玄蕃（盛政）は、叔父柴田勝家の敗因となった賤ケ岳の合戦での奮戦でも有名である。本稿の著者の祖、奥富玄蕃はすこしも有名ではない。

**兵部**（ひょうぶ）　武官の人事や軍事一般を主管したのが兵部省であるが、〝伊達騒動〟で敵役（かたき）を務めたのが伊達兵部（宗勝）である。関ケ原の合戦の後、石田三成を捕らえた田中吉政は、当時の文献では田中兵部、あるいは田兵などともいわれている。ちなみに、石田三成自身は、治部とか治部少輔あるいは、治少などといわれているが、これは五位以上の官人の姓氏、継嗣、婚姻から祥瑞、喪葬、僧尼、国忌、蕃客などのことを主管した治部省の次官であった。

**刑部**（ぎょうぶ）　文字どおり刑罰関係を主管したのが刑部省で、その次官である刑部少輔を称したのが、石田三成の親友で、真田幸村を女婿としていた大谷吉継である。

**掃部**（かもん）　大蔵省管下の掃部司（かもんし）と宮内省管下の内掃部司は、弘仁十一年（八二〇）に合併して掃部寮となっているが、宮中の掃除、式場の設営を主務としている。幕末の大老・井伊掃部頭（直弼）は有名。

**織部**（おりべ）　大蔵省管下の織部司は、衣服の裁縫のことを主管しているが、安土・桃山時代の大名で茶人であった古田織部は、織部焼、織部灯籠にも名をとどめている。

**大膳**（だいぜん）　宮内省大膳職については先述した。「とんだところへ北村大膳」と河内山宗俊の名セリフにあるのは架空の人物である。

**大炊**（おおい）　宮内省の大炊寮は諸国から運ばれた舂米（しょうべい）、雑穀および諸司の食料を主管した。徳川家康の庶子ではないかといわれている江戸初期の大老・土井利勝は、通常、土井大炊頭で通っていた。山本周五郎の著作に『大炊介始末記』というのもある。

**内匠**（たくみ）　中務省管下の内匠寮は、神亀五年（七二八）に新設された令外官（りょうげのかん）で、諸調度の作製、装飾を任とした。浅野内匠頭は有名である。

**典膳**（てんぜん）　宮内省内膳司は、皇帝の御膳のことを管掌するが、その次官である典膳は六人が定員で、とくに天皇の食膳のものの味加減や温かさなどに注意することが職務であった。大仏次郎の名作シリーズに〝鞍馬天狗〟という人物が登場するが、彼はそのなかで、自分の名を倉田典膳と称している。けだし〝クラまテンぐ〟と〝クラたテンぜん〟の音韻上の類似によって、作者はかく名づけたのであろうが、嵐寛寿郎のあのさっそうとした鞍馬天狗が、本来ならば、味見係であったとは。史上では、小野派一刀流の祖・小野忠明が、旧名御子神（みこがみ）典膳で有名である。

**造酒**（みき）　宮内省造酒司は、文字どおり、朝廷用の酒を醸造することを本務としている。幕末、血を吐きながら斬り死にをする平手造酒は、映画などでも有名だが、実在したらしい。

**兵庫**（ひょうご）　武器庫のことであるから、尾張柳生流の祖・柳生兵庫（利厳）にはふさわしい名である。

**木工**（もく）　宮内省木工寮は、宮殿の修理、造営および採材のことを主管した。江戸中期、信濃国真田藩の藩政改革家・恩田木工がいる。

**修理**（しゅり）　前項の木工寮とともに、宮殿の修理、造営の任にあたったのが、修理職である。令外官である。幕末の洋学者・佐久間象山は、通常、佐久間修理で通っている。また、大坂落城のおりの豊臣方の武将・大野治長も、大野修理で通っていた。

# 官位相当表

| 官職＼位階 | 親王一品 | 二品 | 三品・四品 | 正一位・従一位 | 正二位・従二位 | 正三位 | 従三位 | 正四位上 | 正四位下 | 従四位上 | 従四位下 | 正五位上 |
| --- | --- | --- | --- | --- | --- | --- | --- | --- | --- | --- | --- | --- |
| 神祇官 | | | | | | | | | | | 伯 | |
| 太政官 | 太政大臣 | 左大臣 右大臣 | 大納言 | 太政大臣 | 左大臣 右大臣 （内大臣） | 大納言 | （中納言） | | （参議） | 大弁 | | 中弁 |
| 中務省 | | | 卿 | | | | | 卿 | | | | 大輔 |
| 式部省 治部省 民部省 兵部省 刑部省 大蔵省 宮内省 | | | 卿 | | | | | | 卿 | | | |
| 中宮職 大膳職 京職 修理職 春宮坊 | | | | | | | | 皇太子傅 | | | 中宮大夫 春宮大夫 〔京職大夫〕 〔修理大夫〕 | 大膳大夫 京職大夫 |
| 大舎人寮 図書寮 大学寮 雅楽寮 玄蕃寮 諸陵寮 主計寮 主税寮 木工寮 馬寮 兵庫寮 | | | | | | | | | | | | |
| 内蔵寮 縫殿寮 陰陽寮 内匠寮 大炊寮 主殿寮 典薬寮 掃部寮 | | | | | | | | | | | | |
| 囚獄司 正親司 内膳司 造酒司 市司 | | | | | | | | | | | | |
| 隼人司 織部司 采女司 主水司 主膳監 主殿署 主馬署 | | | | | | | | | | | | |
| 近衛府 衛門府 兵衛府 | | | | | | | （大将） | | | | （中将） （督） | 衛門督 |
| 弾正台 大宰府 | | | 帥〔尹〕 | | | | 帥〔尹〕 | | | 尹 | 〔大弼〕 〔大弐〕 | 大弐 〔少弐〕 |
| 勘解由使 按察使 鎮守府 | | | | | | | | | | | 〔勘解由長官〕 〔按察使〕 | |
| 伊勢大神宮司 斎宮寮 斎院司 | | | | | | | | | | | | |
| 国司 | | | | | | | | | | | | |
| 後宮 | | | | | | 尚蔵 | 〔尚侍〕 | 尚膳 | 尚縫 | | 典蔵 〔典侍〕 | |

官位相当表

| 官職＼位階 | 正五位下 | 従五位上 | 従五位下 | 正六位上 | 正六位下 | 従六位上 | 従六位下 | 正七位上 | 正七位下 |
|---|---|---|---|---|---|---|---|---|---|
| 神祇官 | | | 大副 | 少副 | | 大祐 | 少祐 | | |
| 太政官 | 少弁 | | 少納言 | 大史（大外記） | | | | 少史 大外記（少外記） | |
| 中務省 | | 少輔 | 侍従 大監物 | 大内記 | 大丞 | 少丞 中監物 | | 大録 中内記（少内記） | 少監物 大主鈴 |
| 式部省 治部省 民部省 兵部省 刑部省 大蔵省 宮内省 | 大輔 大判事 | | 少輔 | | 大丞 中判事 | 少丞 | 少判事 大蔵大主鑰 | 大録 | |
| 中宮職 大膳職 京職 修理職 春宮坊 | | | 亮 皇太子学士 | | | 中宮大進 春宮大進（修理大進） | 中宮少進 春宮少進（修理少進） 大膳大進 京職大進 | 大膳少進 京職少進 | |
| 大舎人寮 図書寮 大学寮 雅楽寮 玄蕃寮 諸陵寮 主計寮 主税寮 木工寮 馬寮 兵庫寮 | | 頭 | （文章博士） | | 助 明経博士 | | | | 大允 助教（明法博士）（算博士） |
| 内蔵寮 縫殿寮 陰陽寮 内匠寮 大炊寮 主殿寮 典薬寮 掃部寮 | | | 頭 | | 侍医 | 助 | | | 陰陽博士 天文博士 医博士 |
| 囚獄司 正親司 内膳司 造酒司 市司 | | | | 正 内膳奉膳 | | | | | |
| 隼人司 織部司 采女司 主水司 主膳監 主殿署 主馬署 | | | | | 正 | 主水正 主膳正 | 主殿首 主馬首 | | |
| 近衛府 衛門府 兵衛府 | （少将） | 兵衛督（佐） | 衛門佐 | | 兵衛佐 | （将監） | 衛門大尉 | 衛門少尉 | 兵衛大尉 |
| 弾正台 大宰府 | 弼（少弐） | | 少弐 | 大忠 | 少忠 大監 | 少監 | 大判事 | 大疏 大典 少判事 大工 | 主神 |
| 勘解由使 按察使 鎮守府 | | （将軍） | （勘解由次官） | | | | （勘解由判官） | | （軍監） |
| 伊勢大神宮司 斎宮寮 斎院司 | | （斎宮頭） | （斎院長官） | （大宮司）（斎宮助） | | （斎院次官） | | （少宮司） | |
| 国司 | | 大国守 | 上国守 | | 大国介 中国守 | 上国介 | 下国守 | | 大国 大掾 |
| 後宮 | | 尚侍 典膳 | 典縫（掌侍） | | 尚酒 | 典侍 尚書 | 尚薬 尚殿 | 尚兵 | 尚闈 |

| 官職＼位階 | 従七位 上 | 従七位 下 | 正八位 上 | 正八位 下 | 従八位 上 | 従八位 下 | 大初位 上 | 大初位 下 | 少初位 上 | 少初位 下 |
|---|---|---|---|---|---|---|---|---|---|---|
| 神祇官 | | | | 大史 | 少史 | | | | | |
| 太政官 | 少外記 | | | | | | | | | |
| 中務省 | | 大典鎰 | 少録 少内記 少主鈴 | | 少典鎰 | | | | | |
| 式部省 治部省 民部省 兵部省 刑部省 大蔵省 宮内省 | | 大蔵少 主鎰 | 少録 | | | | | | | |
| 中宮職 大膳職 京職 修理職 春宮坊 | | | | 大属 | 少属 | | | | | （坊令） |
| 大舎人寮 図書寮 大学寮 雅楽寮 玄蕃寮 諸陵寮 主計寮 主税寮 木工寮 馬寮 兵庫寮 | 少允 音博士 書博士 算博士 | | | | 大属 | 少属 | | | | |
| 内蔵寮 縫殿寮 陰陽寮 内匠寮 大炊寮 主殿寮 典薬寮 掃部寮 | 允 陰陽師 暦博士 | 漏刻博士 針博士 医師 | | | | 大属 | 少属 | | | |
| 囚獄司 正親司 内膳司 造酒司 市司 | | 典膳 佑 | | | | | 囚獄大令史 正親大令史 令史 | 囚獄少令史 正親少令史 | | |
| 隼人司 織部司 采女司 主水司 主膳監 主殿署 主馬署 | | | 佑 | 主水佑 主膳佑 | | | | 令史 | 主水令史 主膳令史 | 主殿令史 主馬令史 |
| 近衛府 衛門府 兵衛府 | 兵衛少尉 | （将曹） | | 衛門大志 | 衛門少志 兵衛大志 | 兵衛少志 | | | | |
| 弾正台 大宰府 | | 博士 | 少疏 少典 医師 | | | | | | | |
| 勘解由使 按察使 鎮守府 | | （勘解由主典） | | | （軍曹） | | | | | |
| 伊勢大神宮司 斎宮寮 斎院司 | （斎宮大少丞） （斎院判官） | | | | （斎宮大少属） | （斎院主典） | | | | |
| 国司 | 大国少掾 上国掾 | | 中国掾 | | 大国大目 | 大国少目 上国目 | | 中国目 | 下国目 | |
| 後宮 | 掌侍 尚掃 尚水 | 掌蔵 | 掌膳 | 掌縫 | 典書 典薬 典兵 典闈 | 典殿 典掃 典水 典酒 | | | | |

**式部**（しきぶ）　式部省は、文官の名帳、考課、選叙、位記、礼儀、禄賜、学校、課試などをつかさどるものである。前述の紫式部のほか、江戸中期の神道家の竹内式部などもいる。

**弾正**（だんじょう）　八省から独立して、風俗粛正、犯罪の取り締まりなどにあたったのが、弾正台である。織田信長が一時、織田弾正忠と称しているが、歌舞伎の仇役で有名な仁木弾正もあり、男性的な感じの名前である。

**兵馬**（ひょうま）　兵部省管下の兵馬司は、牧、軍馬、駅（うまや）、公私の馬牛を管掌する。中里介山の『大菩薩峠』において机竜之介を兄の仇と狙う若い武士が、宇津木兵馬である。

**主水**（もんど）　宮内省主水司は、飲料水、粥、氷室のことをつかさどる。映画などで有名な旗本退屈男は早乙女主水介（もんどのすけ）であるが、彼は、そこの次官だったことになる。以下、紙数の都合上、実例を省略する。

**外記**（げき）　太政官に勤務し、詔、奏などの作文、公文の読申などを管掌する。

**内記**（ないき）　中務省勤務で、詔勅の作文と皇居の記録を管掌する。

**監物**（けんもつ）　中務省勤務。出納の監察と鍵の管理とを扱う。

**大弐**（だいに）　大宰府の次官。山県大弐などがいる。その下位の小弐は、苗字に転化している。

**勘解由**（かげゆ）　官吏交替のさい、異常なく事務引き継ぎを完了した証拠として、新任者が前官に発行するものを解由状（げゆじょう）というが、そのうち、とくに国司の交替のさいに、その解由状を検査するために、平安末期にはじめられたのが、勘解由使である。官吏交代時における人事監督官とでもいえよう。

**主殿**　宮内省主殿寮と春宮坊主殿署に由来する。輿輦、蓋笠、扇、湯沐、殿庭の掃除、灯燭、松柴、炭などのことを管掌する。

**主膳**　春宮坊主膳監は、皇太子に進める食膳のことを扱うが、とくに、その長官である主膳正は毒味役でもあった。

**主馬**　令外官である春宮坊主馬署は、皇太子の乗馬、鞍具を扱う。

**采女**　天皇に近侍して、食事の給仕などを任とした采女は、後宮の女官の一種であるが、国造、郡司などの地方豪族の子女のうち、容姿端麗なものが選ばれていた。

**左京、右京**　左京の京職に由来する。京職は、いわば現今の都知事にあたるといえよう。堀田左京とか一色右京大夫、建礼門院の右京大夫などがいる。

## 官職名の変形としての名前

律令官職制では、各官衙部局ごとに、長官、次官、判官、主典の四等官があった。これは、いわば、現今の部長、課長、係長、主任とか、教授、助教授、講師、助手とかいったものにたとえることができよう。この場合、長官は事務の統轄者、次官は長官の補佐、判官は一般事務、主典は書記というように、職務内容に若干の相違があり、守、介、掾、目とか、大夫、亮、進、属とか、卿、輔、丞、録というように、各官衙や部局ごとに、用字は異なるが、その読みかたは同じであった。

この四等官の呼称に、なんらかの文字を増減させて名前とする風習は、南北朝期ごろから急速に発達し、江戸時代には農民の名前にまで採り入れられるようになり、そのあるものは、現在においても、しばしば見られるものである。これらを、いくつかに分類して、概観してみよう。

**～兵衛**　この種のなかでは、もっとも多いもののひとつである。竹中半兵衛、堀部安兵衛、幡随院長兵衛、弥次郎兵衛、茂兵衛、山本権兵衛、西郷吉兵衛など、これである。五衛府（のち六衛府）のなかの兵衛府（つわものとねりのつかさ）は、宮中の警備、巡検と行幸のさいの守護の任にあたったもので、左右の二府があり、本来的な職掌からして、郡司の子弟などのなかから、身体強健で弓馬に長じた者を選抜して、これにあてたため、武士階級が好んで名乗ったものである。左右ともに、督、佐、尉（大尉、少尉）、志（大志、少志）があった。だから源頼朝の若いころは、右兵衛佐であったりしている例もある。

源平藤橘の族名を付して源兵衛、平兵衛、藤兵衛、橘兵衛（吉兵衛）と名乗ったりするが、同時に、〝ひょうえ〟という本来の読み方がくずれて、〝べい〟、〝ぺい〟〝へい〟とかわっていく。さらには、用字も「兵衛」が「平」へとかわり、「権兵衛」が「権平」へ、「甚兵衛」が「甚平」になったりしている。この例では、救世軍の山室軍平がいる。明治期の海軍で有名な山本権兵衛は、〝ごんべい〟なのか〝ごんのひょうえ〟なのか判然としないが、後者のほうが正しいらしい。

この種のものは、個人の名前というだけにとどまらず、さらに転化して、他の事物をさす普通名詞としても使われることがある。「権平がタネ蒔きゃ、烏がつっつく」とか、ある種の性癖を持つ人やその性癖のことを「助平」ともいい、「知らぬ顔の半兵衛」をきめこんで、「甚兵衛（甚平）」という夏用の羽織を着ている人もいる。戦国時代の豪傑、花房助兵衛が「助平」であったかどうか、それは知らない。

**〜亮、〜助、〜弼、〜佐、〜介、〜扶**　これらは前項よりもなお多いかも知れない。用字はそれぞれ異なるが、読みはいずれも〝すけ〟である。つまり、四等官制の次官にあたるものである。官衙によって用字が違うわけで、省の場合が「輔」、坊と職の場合が「亮」、寮が「助」、弾正台が「弼」、衛門府、兵衛府、検非違使が「佐」、大国と上国の国司が「介」、家司（けいし）と家令が「扶」である。

それぞれの例としては、伊藤博文の若き日の名乗りが伊藤俊輔で、真田大助、西郷吉之助、猿飛佐助、山本勘助、山中鹿之助、中村錦之介、井伊直弼、三浦大介、机竜之介などがある。また、普通名詞化した「折助」は、武家奉公の中間（ちゅうげん）のことで、「三助」は「三介」とも書くが、風呂屋で客の背中をながす商売をする人のことである。織田信長の次男が『太閤記』などでは「三介様」となっている。

**〜衛門**　左右の衛門府は、靫負司（ゆげいのつかさ）ともいい、衛士（えじ）を率いて、皇居諸門の警衛、開閉を管掌した。正式な官職名としては「右衛門督（かみ）」とか「左衛門佐（すけ）」になる。しかし、名前としては「左衛門」「右衛門」の上に一字か二字を付すことが多い。本多作左衛門、大久保彦左衛門、水野十郎左衛門、石川五右衛門、遠藤喜左衛門、市村羽左衛門、中村吉右衛門、近松門左衛門など、その例は多い。陶工柿右衛門に由来した「柿右衛門焼き」とか、石川五右衛門が釜茹でになったことから、「五右衛門風呂」という名称も成立している。千葉県には仁右衛門島というのもある。

**～丞、～允**　四等官制の第三等官で、「丞」は省の場合、「允」は寮の場合に用いられるが、ともに〝じょう〟と読む。本来は、その上に官衙名を付して、「宮内丞」とか「大学允」とするべきものであるが、これも人の名前になってしまうと、適当に一字か二字を冠して、「～之丞（のじょう）」、「～之允（のじょう）」とすることが多い。現在ではほとんど使われないが、古典芸能の世界では、現在にも残っている。瀬川菊之丞、中村福之丞などが、それであるが、ほかに架空の人物であるが、法月弦之丞という旗本が活躍する小説を、昔、読んだことがある。これまた小説であるが、『雪之丞変化』というのがあった。ほかに源之丞、門之丞などは、近世農民の名前にも散見できる。

**～進**　中宮職、大膳職、京職、修理職の各職と東宮坊との三等官には、大進、少進の二種がある。これが名前になると、「敬之進」「格之進」などになる。「助さん、格さん」で有名な渥美格之進は、本当は学者だったらしい。

**将監（しょうげん）**　左右の近衛府。衛門府、兵衛府にあった。

**国名**　今まで述べてきたのと若干趣を異にするが、勝安房、原田甲斐、松平越中守、水野越前守、真木和泉守、上泉伊勢守などは、通称として立派に通用している。いずれも、国司であるが、その実名よりも、一般化しているものが多い。

## 唐名官職と日本人の名前

本来、律令制というのは、中国の隋・唐王朝で行なわれていたものであって、日本のそれは、隋・唐のものの日本版であり、翻訳版であった。だから、律令官職名などもほとんど本来の中国語のそれを日本語化したにすぎなかった。そんなところから、いささか気取って、律令官職名を唐風化して、名前とした場合がある。

徳川光圀が水戸黄門と称しているが、この「黄門」とは〝中納言〟の意味の唐語である。関ヶ原の戦いにおいて、自身は豊臣の一族でありながら、石田三成を裏切った小早川秀秋という大名がいる。当時、彼は金吾中納言と呼ばれていたが、「金吾」とは「衛門督」のことで、彼が「左衛門督（かみ）」で「権（ごん）中納言」を兼ねていたからである。菅原道真も「菅丞相」と呼ばれることがあるが、これは「菅原の右大臣」の意味の唐名である。

『金槐和歌集』というのがある。これは鎌倉幕府、三代将軍源実朝の和歌集であるが、書名の「金槐」とは、鎌倉の鎌の字の偏（金）と、右大臣の唐名である〝槐門〟の槐とから成り立っているものである。つまりは、「鎌倉の右大臣」の意味であった。鎌倉末期、得宗専制期において、「酒掃」「別駕」という人物が活躍しているが、「酒掃」は長井掃部頭宗秀で、「別駕」は安達秋田城介時顕のことであった。

つまり、「酒掃」は掃部頭の唐名で、「別駕」は国介の唐名である。「匠作」というのは、今ではありふれた名前になっているが、これは修理職の唐名であり、北条泰時が、「匠作」と呼ばれている例もある。

## 官職と女性名

平安時代の紫式部は、その作品『源氏物語』の一ヒロインである〝紫の上〟と、彼女の父〝藤原式部大夫為時〟とから来たもので、本名は香子であったとする説があるが、まだ定説ではない。彼女と対になる清少納言は、〝清原の少納言〟に由来しているという。ともに実名は不明というほかはない。北条政子は「二位殿」と呼ばれているが、これは位階であって、官職ではない。

女性の場合、「北の方」「御台」「御台所」「北政所」「政所」「～局（例、「春日局」）」等がある。これらは、邸宅のなかにおける居室を意味する語から転じたもので、「奥方」「奥様」などと同じである。日本史上において、実名を残した女性は、藤原薬子、同定子、同彰子、北条政子、日野富子など例は少なく、ましてや、官職をもって呼ばれた女性など、ほとんどいない。それだけ女性の社会的地位が低かったということである。結局、女性が官職名をもって通称とし得た時期は、平安時代だけということであろうか。

最後に、官職名に由来した名前を考えるさいに、手引きになるものを挙げておこう。『国史大系』に収められている「令義解」と「令集解」の「官位令」「職員令」「後宮職員令」「東宮職員令」は、やや難解であるが、根本文献である。これを表示して、官職と位階との相当を示した「官位相当表」は、たいていの日本史辞典に載っている。律令制官職に由来した名前は、本稿であげたもののほかにも、数は多い。

# あとがき

鎌倉幕府の半公的記録は、『吾妻鏡』である。これが私の座右の書になってから、すでに半世紀が経過している。最近では朝日カルチャーなどで講読するようになって、ますます離せなくなった。

『吾妻鏡』での人名表記は、基本的に官職名や所領地名などによる通称である。他の史料などでも、表記法は同じである。たとえば源頼朝は、『吾妻鏡』では次のような名前で登場する。

前右兵衛佐(さきのうひょうえのすけ)、前武衛、武衛、鎌倉殿、二品(にほん)、従二位源卿、新大納言家、右近衛大将(うこのえのたいしょう)　右大将家、幕下、征夷大将軍、将軍家　幕下将軍、右幕下

他に登場する多くの人名も、みな同様の方式で表記されている。「李部(りぶ)」が北条泰時のことであり、「平大納言」が平時忠のことであるなどと知っていなければ、多くの史料はまるで読めないことになる。

また北条氏方に肩入れする傾向のある『吾妻鏡』では、北条泰時の幼名は「金剛」としているのに、のちに猛烈な反北条の闘争をする三浦光村については、はっきりと「駒若丸」と記している。〝丸〟号が蔑称だったということを知らなければ、このあたりのニュアンスは理解できない。牛若丸についても、同様である。

このようなところから、本書の執筆を思い立った。姓名・名字（苗字）、実名については、一応のことは書いた。しかし多くのことが、まだ残されている。

院号、法号、戒名、屋号、字（あざな）、雅号、ペンネーム、名国司、受領名、衛門成（えもんなり）、欠画、花押、女性の名前等々である。時頼以降の鎌倉北条氏の童名に「寿」の文字が多いこと、歴代天皇の諱名に「仁」が多いことなど、考えなければならない問題も、まだまだ多いことを痛感している。

本書執筆にあたって御教示を仰いだ論文を列挙して、謝意にかえたいと思う（順不同）。

豊田武氏『苗字の歴史』（中央公論社刊）のち『豊田武著作集』第六巻（吉川弘文館刊）に所収

豊田武氏『家系』（近藤出版社刊、『日本史小百科』七）

飯沼賢司氏「人名小考―中世の身分・イエ・社会をめぐって―」（竹内理三先生喜寿記念論文集刊行会編『荘園制と中世社会』所収、東京堂出版）

黒田基樹氏「慶長期大名の氏姓と官位」（『日本史研究』四一四号、所載）

奥富敬之『新田堀江氏研究―通史』（東京堂出版）

なお付編の「律令制官職と武士の名前」は「律令制の官職に由来した名前」という題で、一九七六年、新人物往来社『歴史読本』二二巻一号に所載したものを、拙著『鎌倉武士―合戦と陰謀』（新人物往来社）に再録したものである。

# 『日本人の名前の歴史』を読む

新井孝重



『日本人の名前の歴史』は奥富敬之氏の手によりものされ、新人物往来社より一九九九年に刊行された一般読者むけの書物である。本書を読了してまず気づくのは、ああ、おもしろかった、というじつに心地のよい充実感である。なぜそう感じるのだろうかと自問しながら、以下この書物について述べてみたい。

この書物は「はじめに」のところで、いきなり東国御家人の「畠山荘司平次郎重忠」を例にとって、中世の人間の名乗がいかなる要素から成り立っていたのかを、じつに分かりやすく説明する。そして名乗からはその人の実名だけでなく、本領、役職、姓名から、家族のなかの長幼の順序までがわかることを教えてくれる。そこでわたしのような「名前」に無頓着である読者にむかって、それの持つ重要な意味についてハッと気付かせるのである。銭形平次まで登場させて、これを中世の名乗としてみれば、銭形荘の平氏の次男坊ということになる、と読むものを笑わせる。

そのうえでさらに奥富氏は、長幼の順序として長男、次男、三男が太郎、次郎、三郎…とするのはわかるとして、十男を越えたときはどうするか、十一男を余一太郎、略して余一、十二男を余次郎、余次とつづくということを教えてくれる。また次郎と三郎がかさなって、「次郎三郎」といえは、父が祖父の次男で、その三男が自分であること表しているといい、父が祖父の太郎（長男）で、自分も太郎であれば「小太郎」、北条四郎時政の四男義時のようなばあいは「小四郎」といった、などというのは読者にとって面白い新知識である。

＊

平安時代の中頃になると姓を奪う権能が、天皇から各氏族の氏長者の手に移っていったというのはおもしろい。姓を奪うことを「放氏」とか「取氏」というらしい。放氏されると氏族の姓名は名乗れなくなり、氏族の諸特権ははく奪される。朝廷への出仕もできなくなるし、氏寺・氏神からの加護も得られなくなる。これは氏人にとっては生存にかかわるほどの一大窮地であったから、一定期間が過ぎれば普通は許されたらしい。これを「続氏」「継氏」といったとのことである。氏人を放氏または続氏（継氏）する権能は、やがて鎌倉後期ともなると、藤原氏なら氏寺である興福寺のものになっていったという。

武士の世界では名字というのが大きな意味をもった。源平藤橘や大伴、蘇我、物部といった姓名だけでは人の数が多すぎて互いに区別しにくいから、名字呼称が十世紀にはじまるとたちまち普及したという。名字のもとである「名字ノ地」は本人あるいは先祖が命懸けで開発した領地だ。その地名を名字として名乗るのは、自分が領主であることを誇示することであり、名字は神聖でさえあったという。

そんなわけで名前についての政治的な意味は、武家社会でいよいよ大きくなっていった。鎌倉幕府が成立すると、源頼朝は一族内において自身と頼朝が許可した者の系統以外には「源」姓呼称を禁じた。蒲冠者範頼、源三位頼政の五男太田広綱、新羅三郎義光の孫大内義信など、清和源氏の血筋のうちから、しかるべきもの六人を頼朝が選んで京都朝廷にむかっては国司補任を推挙した。これらの者たちは御門葉といい、東国御家人のなかで一段上に位置付けられたという。

豪族領主の複合名字の慣習も興味深い。新田氏であれば、惣領家は本名字新田を称するが、惣領家から所領の一部を分領された一門庶家は、分領された所領の地名を新しい名字として名乗ることになる。そのさい庶家は新田岩松、新田大舘、新田堀口などと称した。これを複合名字という。ただし同族のなかでも、頼朝挙兵の時に新田義重の敵対姿勢から逸早く離れ、頼朝に与力した義重の男義俊は里見を称し、「新田」を上につけることはなかった。こうするのが将軍から認められたのである。鎌倉政権樹立の成否がはっきりしない段階での豪族の動きが、のちの名字の形式に表れている、というのには不意をつかれたような新鮮さを覚える。

＊

名字がどれだけ武家にとって大事であったかは、あたかも平安時代の貴族の姓名と同じで、これを削られた武士がたちまち一族の中で孤立し、滅んだことを見ればあきらかである。越後国の三浦和田氏では庶家の黒川、羽黒が惣領に抗い、ために名字を削られ、結果領地は没収されたらしく、それまで味方していた他の庶家もはなれ、ついには黒川流の者は自刃して滅んだ。降伏してきた羽黒流には、惣領は「削名字」の制裁を解き、「復名字」をゆるすことになる。この削名字の制は十三世紀中ごろ北条時頼の時代には確認されるという。

世の中には「名字を削る」「名字を奪う」ということがあるのだから、当然その反面には「名字を与える」というのもある。木下藤吉郎は織田信長から家老丹羽長秀、柴田勝家のそれぞれ一字を貰い羽柴秀吉と名乗った。信長はこのほか丹羽長秀に「惟住（これずみ）」の名字を、そして明智光秀には「惟任（これとう）」の名字をあたえた。天下を取った秀吉は「豊臣」（姓）と「羽柴」（名字）を諸大名に多数与えた。これらを与えられた諸大名は秀吉の藩屏として期待された。徳川家康も「松平」を他流の諸大名に与えている。

天皇による「賜姓」から始まって、諸大名家臣の「名字拝領」までの名前にまつわる歴史を振り返った奥富氏は、日本人が名前というものにある特別な観念を抱いてきたのでは、と指摘する。また、武士階級に属する者でも、領地を持つか否かで、名字を公称するかしないかが分かれるとも指摘する。ようするに源平合戦ころから領地を持たない者は名字を公称しなくなり、領主階級の側からも非領主階級に対して陰に陽に名字を制限する動きがある。それらの風が江戸時代になるとどうなるか、奥富氏の論には興味が尽きない。

＊

奥富氏の叙述はわかりやすく読みやすい。しかしだからと言って、内容が軽いというのではない。それどころか丹念に史料を渉猟し博捜したうえで組み立てた氏の所論は、古代から中世、近世、さらに近代現代へと歴史を通観する目を読者に与えてくれる。専門的に学問として歴史を志す者へも重要な問題を示唆し、あるいは提起しているのである。

たとえば、中世国家の構造をどう見るかという議論がひところ学界をにぎわせた。そのなかの有力な学説に権門体制論というのがあった（黒田俊雄『日本中世の国家と宗教』岩波書店、一九七五年）。これは公家・寺社・武家の諸権門が封建領主階級として相互に対立を抱えながら、なおかつそれぞれに役割を分担しあい、相互補完的に国家体制をつくっていたという論である。そのさい公家は執政、寺社は宗教、武家は軍事・警察の権限をもって権力の執行に携わっていた。ところがこうした権力分掌を原則とする体制のなかで、公家世界（藤原氏）の放氏の権限が氏長者から興福寺に移っている事実は、権門体制の構造と機能を見るうえでどう理解すべきか。重要な問題を含んでいると思われる。

さらに名字を公称したり、これを削ったりすることの意味は侍身分を考えるうえでさらに興味深い。名字は先祖が開発した領地と結びついているから、先祖とも結合しているということである。鎌倉時代の大友氏の老尼は一族のものの争いをたしなめて「先祖なき下郎ども」にまどわされて仲たがいするな、といった。これは名字なき凡下どもと自分たち侍を区別するのと同義と考えてよい。侍身分の根源には先祖・領地・名字が一体として存在していたということだろう。

自分が侍であることを主張するばあいには、ひとはかならず「名字隠れなき侍なり」（原漢文、田中稔「侍・凡下考」『鎌倉幕府御家人制度の研究』吉川弘文館、一九九一年）と主張した。名字を「侍」という身分のあかしとしていたのである。このため戦国時代の伊賀国惣国一揆のもとでは、戦功をあげた村民は、一揆指導部の地侍集団から名字を与えられ侍名をゆるされている（『伊乱記』）。その一方でひとが勝手に名字を名乗るのは厳しく制限された。室町戦乱期に東寺は、京都近郊の地下人が自由に名字を名乗るのを前代未聞と非難しこれに厳禁を加えている（小野武夫『日本兵農史論』有斐閣、一九三八年）。名字は身分制の秩序の根幹であった。

こうしたことは、奥富氏が先刻承知していたに違いない。しかし読むものがそれぞれの問題意識に則って考えればよいのであって、「名前」の本筋から逸れたことどもをくどくど書くまでもあるまい、というのが奥富氏の立場であったのだろう。そうした学問的な奥ゆかしさが読むものに様々な余韻を残すのである。何度でも読みたくなるのは本書のもつこの余韻のためではなかろうか。

＊

奥富敬之氏は一九三六年に東京に生まれ、一九五七年早稲田大学教育学部に入学した。卒業すると同大学大学院文学研究科にはいり、西岡虎之助研究室のドアをたたいた。東京大学史料編纂所から早稲田大学に転じた西岡氏は、この時期同大文学部教授として教壇にあり、民衆の視点に立って歴史をみる学問の思想は若い院生研究者につよい影響を与えていた。

大学院博士課程を修了すると、一九七一年奥富氏は日本医科大学の歴史学教室に職を得る。そこで医学史を講ずるかたわら、氏は鎌倉北条氏、そして東国御家人へと研究をふかめることになる。そしてさらに鎌倉武士の主要な記録史料『吾妻鏡』そのものへと関心を広げ、中世武家諸豪族の家系その他の諸問題について厖大な業績をあげたのであった。

奥富氏が亡くなったあとに奥様から伺ったのであるが、奥富氏はふだん「ぼくは学者ではなく研究者なのだ」といっていたという。この言は朝日カルチャーその他の市民講座に力を入れ、おおくの市民受講生から慕われていたことと関係があると私は思っている。職場の性質（医学専門の職場である）から専攻演習のゼミナールを持つことのなかった奥富氏は、つねに市民に分かる学問を心がけていたのではないか。難解な学問をもったいぶらず、洒脱で軽妙に、それでいてあとに残る、そのような講義をいつも心に留めていたのである。そこにこそ奥富氏の残した歴史学の真骨頂があるのだろう。

（獨協大学教授）

本書の原本は、一九九九年に新人物往来社より刊行されました。